PROCURATORIAL STUDY

2022年·第3辑

检察研究

江苏省人民检察院◎组织编写
编委会主任◎刘华

法律出版社
LAW PRESS·CHINA
北京

图书在版编目(CIP)数据

检察研究. 2022年. 第3辑 / 江苏省人民检察院组织编写. -- 北京：法律出版社, 2022

ISBN 978-7-5197-7352-6

Ⅰ. ①检… Ⅱ. ①江… Ⅲ. ①检察机关－工作－中国－文集 Ⅳ. ①D926.3-53

中国版本图书馆CIP数据核字(2022)第224004号

《检察研究》2022年第3辑
《JIANCHA YANJIU》2022 NIAN DI 3 JI

江苏省人民检察院 组织编写

责任编辑 许 睿
装帧设计 李 瞻

出版发行 法律出版社
编辑统筹 司法实务出版分社
责任校对 朱铁佳
责任印制 胡晓雅
经　　销 新华书店

开本 787毫米×1092毫米 1/16
印张 8　**字数** 166千
版本 2022年9月第1版
印次 2022年9月第1次印刷
印刷 永清县金鑫印刷有限公司

地址:北京市丰台区莲花池西里7号(100073)
网址:www.lawpress.com.cn
投稿邮箱:info@lawpress.com.cn
举报盗版邮箱:jbwq@lawpress.com.cn

销售电话:010-83938349
客服电话:010-83938350
咨询电话:010-63939796

书号:ISBN 978-7-5197-7352-6　**定价**:35.00元

凡购买本社图书,如有印装错误,我社负责退换。电话:010-83938349

目录 Contents

专题研究

主题研讨

检察委员会

法学专论

检察实务

案例研究

专题研究

以能动检察助推诉源治理现代化问题探究

朱良平*

摘要：检察机关以能动检察助推诉源治理现代化是新时代践行习近平法治思想的重要举措。以能动检察助推诉源治理现代化可以更好地满足人民群众对美好生活的向往，推进国家治理体系和治理能力的现代化，也是检察工作高质量发展的内在要求。检察机关作为国家法律监督机关，本身就有监督公权力、救济私权利的职责，参与诉源治理是其权力属性、职能特点和履职内容所决定的。检察机关在参与诉源治理的过程中必须做到"有度""有责""有节"，坚持客观公正的立场，绝不可法外索平。在新时代背景下，检察机关要不断更新检察理念，将检察履职与诉源治理有效融合，不断开拓创新，探索检察机关参与诉源治理的新模式，在国家社会治理中贡献检察力量。

关键词：习近平法治思想　能动检察　诉源治理

习近平总书记指出，"法治建设既要抓末端、治已病，更要抓前端、治未病。"①检察机关以能动检察推动诉源治理现代化是践行习近平法治思想的重要举措。能动检察是指检察机关在依法履行职责时，充分发挥主观能动性，及时回应大局需求、人民关切和法治需要，更好地为大局服务，为人民司法。② 检察机关参与诉源治理、推动矛盾纠纷源头化解，是能动履职的具体表现。改革开放以来，我国经济社会不断发展，刑事犯罪结构发生

---

* 朱良平，江苏省无锡市人民检察院党组书记、检察长。

① 习近平：《坚定不移走中国特色社会主义法治道路　为全面建设社会主义现代化国家提供有力法治保障》，载《求是》2021年第5期。

② 参见朱孝清：《论能动检察》，载《人民检察》2022年第13期。

重大变化，严重暴力犯罪比例不断下降，轻罪案件数量不断攀升、所占比例不断加大。[①]在这一新时代背景下，检察机关要与时俱进，以高度的政治自觉、法治自觉和检察自觉，坚持依法能动履职，深入推进诉源治理现代化，将矛盾化解在前端，为推进国家治理体系和治理能力现代化贡献检察力量。

一、以能动检察助推诉源治理现代化的实践价值

诉源治理，是指国家通过对诉讼源头的治理，减少进入诉讼环节的案件数量或有效分流诉讼中的案件的一种手段。[②] 检察机关作为国家法律监督机关，参与诉源治理，体现了检察机关的责任与担当，对于实现国家治理现代化具有重要的实践意义。

（一）诉源治理现代化是实现人民群众对美好生活向往的新时代司法需求

习近平总书记强调，"推进全面依法治国，根本目的是依法保障人民权益。"[③]进入新时代，人民期望生活的社会必然是一个法治昌明、欣欣向荣的社会。保障人民权益最根本的就是满足人民群众对美好生活的向往。诉源治理可以有效从源头化解矛盾、减少纠纷，使社会更加公平、公正、有序，人们生活幸福感、满意度不断提高。但是，随着我国刑法规定越来越严密以及执法中的机械化，使相当一部分人因为轻微犯罪行为被贴上罪犯的标签，带来一系列后续的非刑事责任附随后果，不利于社会和谐。因此，检察机关必须站在新时代人民群众对美好生活向往的高度，将天理、国法、人情融为一体，深刻认识诉源治理从源头减少刑事诉讼增量的政治意义、法治意义和时代意义，努力把犯罪总量和犯罪率逐步降下来。

（二）诉源治理现代化是检察机关推进国家治理体系和治理能力建设的有力举措

习近平总书记强调，"法治是国家治理体系和治理能力的重要依托。"[④]由此可见，法治现代化是国家治理现代化的有机构成要素，在国家治理结构中发挥重要作用。[⑤] 在此背景下，司法被赋予治理型司法的内涵，也就是说，司法机关也应当一并承担社会治理的责任，而不是简单地就案办案，要通过办理一个案件，发现一类问题，达到警示一片的效果。检察机关作为司法机关，既是执法者，也是社会治理的参与者，在推进国家治理体系和治理能力现代化过程中有不可推卸的责任，以能动履职参与诉源治理正是检察机关推进社会治理法治化的具体目标和抓手。

---

① 参见刘华：《少捕慎诉慎押刑事司法政策的实践路径》，载《人民检察》2022 年第 4 期。

② 参见王旭光：《以依法能动履职为诉源治理贡献检察力量》，载《人民检察》2022 年第 10 期。

③ 习近平：《坚定不移走中国特色社会主义法治道路　为全面建设社会主义现代化国家提供有力法治保障》，载《求是》2021 年第 5 期。

④ 习近平：《坚定不移走中国特色社会主义法治道路　为全面建设社会主义现代化国家提供有力法治保障》，载《求是》2021 年第 5 期。

⑤ 参见刘华：《国家治理现代化背景下刑事检察职能的拓展路径》，载《国家检察官学院学报》2021 年第 2 期。

（三）诉源治理现代化是检察工作高质量发展的内在要求

最高人民检察院张军检察长要求“以检察工作高质量发展服务经济社会高质量发展”，最高人民检察院提出并带头践行的“能动检察”理念，体现了主动顺应时代潮流、服务大局和回应人民要求的战略前瞻。无锡市人民检察院出台了《检察工作高质量发展2022年行动方案》，实施“八大行动”，在八个方面打造“模范机关”，以30项具体措施推动争创责任到底到边。检察工作发展的质量高不高关键就在于检察贡献度多不多。检察工作要高质量发展，需要不断提高检察贡献度，对焦服务大局寻找方向，特别是紧紧围绕诉源治理这一社会治理中的痛点、难点，将诉源治理作为检察工作的重要任务，以此谋划推进工作、开展司法办案、检验成绩效果，倒逼检察工作在更高层次更高水平上积极开展、提质增效。

二、以能动检察助推诉源治理现代化的理论依据

检察机关是国家法律监督机关，通过加强对其他行政执法机关、司法机关的法律监督，使执法司法活动在法治轨道上运行，这决定了检察机关在推进诉源治理现代化中具有独特优势。

（一）检察权的权力属性决定检察机关应当参与诉源治理

我国检察机关是国家和社会公共利益的代表，检察权以司法权与监督权的交互融合为基本属性，以诉讼活动为核心领域，并向行政执法活动适度延伸。[①] 随着社会的发展，检察权作为法律实施的重要方式之一，已不再单纯是通过办理具体的案件来实现对公民权利的有效保障，而逐渐成为影响社会秩序发展的重要力量。在诉源治理格局中，检察机关充当着救济权利、保障安全、稳定秩序的“制度通道”的角色，通过这条通道，民众的法律要求可以获得救济，各样的矛盾、冲突也可以得到一定程度的解决。例如，人民群众对公安机关的违法侦查、法院的枉法裁判行为可以向检察机关控告申诉，寻求救助。因此，检察权在运行过程中不可避免会遇到各种矛盾纠纷，诉源治理也就成为检察机关不可推卸的政治责任。

（二）检察机关的职能特点决定检察机关应当参与诉源治理

检察机关依法独立行使法律监督权，防止行政权和审判权异化，稳定宪法体制下国家权力的正常运行秩序，保障法律统一适用。也就是说，检察机关通过对公权力进行监督，从而防止公权力侵犯公民的私权利，从而保护社会公共利益和国家利益。[②] 司法实践中，检察机关不仅通过行使公诉权、侦查监督权、民事行政检察权等对侦查、审判及行政机关执法活动进行监督，来实现对公民、法人和其他组织合法权益的救济，实现对

---

① 参见苗生明：《新时代检察权的定位、特征与发展趋向》，载《中国法学》2019年第6期。

② 参见谢鹏程：《检察规律论》，中国检察出版社2016年版，第88－90页。

弱势群体权益保障，还通过公益诉讼等方式，来维护国家和社会公共利益。由此可见，检察机关通过对公权力进行监督，有效防止和纠正公权力履行不当损害公民权利或国家、社会公共利益，确保公权力在法治的轨道运行，这本身就是参与诉源治理，化解社会矛盾。

（三）检察机关的履职内容决定检察机关应当参与诉源治理

检察机关的履职内容不仅包括审查逮捕、审查起诉等，而且包括通过结合办案加强社会治理源头性、根本性、基础性问题研究，开展普法宣传、推动相关领域立法等内容。检察机关履职的重心始终紧跟中央重大决策部署、紧贴地方党委政府中心工作，坚持服务大局的工作导向。如在疫情防控期间检察机关要积极参与疫情防控，助力企业复工复产；在扫黑除恶专项斗争期间检察机关要守牢“事实关、证据关”，做到“一个不凑数、一个不放过”，以扫黑除恶为抓手，推动重点行业整治；检察机关在日常工作期间要积极参与防范化解重大风险、精准脱贫、污染防治三大攻坚战等国家重点工作，体现检察贡献度。检察机关的上述履职内容无不是在防范、化解风险，将矛盾解决在前端，体现了诉源治理的工作导向。

三、检察机关在诉源治理现代化中的职能定位

诉源治理是党委领导下的一项系统工程，有赖于社会各方的积极参与和共同推进。检察机关参与诉源治理，必须秉持国家法律监督机关职能定位和司法机关的基本属性，与其他部门互补、协同发力，在参与诉源治理中做到“有度”“有责”“有节”。

（一）检察机关参与诉源治理的“度”

检察机关在诉源治理履职过程中，应坚持国家法律监督机关的专门性，把握好权力边界，做到既不失职也不越位，处理好与公安机关、人民法院和行政机关之间的关系。检察机关应当用好立案监督和侦查活动监督等职能，防止出现冤假错案和刑事手段插手民事纠纷等情形，从源头上杜绝矛盾产生，切实保障人权。检察机关要做好审判和执行活动监督，避免衍生出新的矛盾和纠纷，保障已经形成的诉讼纠纷得到依法处理。检察机关应当加强与行政机关的沟通协作，齐抓共建，以“我管”促“都管”，努力实现双赢共赢多赢。

（二）检察机关参与诉源治理的“责”

检察机关作为司法机关，必须时刻坚持法律底线，绝不可法外索平。诉源治理虽然以化解矛盾纠纷为目标，但检察机关应以法律确定的规则、秩序为导向，做到在法律范围之内想问题、作决策、办事情，坚持以“事实为根据，以法律为准绳”，绝不能为了平息纠纷而违背法律推动“滥和”，时刻坚持政治效果、法律效果、社会效果的统一，以法律的刚性维护社会的稳定，绝不可为了解决个案纠纷而枉法。

（三）检察机关参与诉源治理的“节”

“习近平总书记指出：……‘守法律、重程序，这是法治的第一位要求’”。[①] 检察机关作为国家法律监督机关，必须时刻“守法律、重程序”，坚持客观公正的立场，追诉犯罪者，保护无辜者。检察官应始终牢记政治使命，把维护国家法律统一正确实施作为价值追求，根据刑法及其相关司法解释的规定，融贯统合立法目的、原则、总则与宽严相济刑事政策于具体的个案办理中，统一标准，强化规范，严格区行政违法与轻微刑事犯罪，准确把握罪与非罪的标准，贯彻刑法在司法实践中的谦抑性。

四、检察机关推进诉源治理现代化存在的主要问题及路径优化

在习近平法治思想的指导下，全国各地结合本地区实际情况，积极开展诉源治理现代化工作，积累了丰富的实践经验和先进做法，近年来涌现出一批创新诉源治理典型案例，如杭州上城区探索“平安265”智慧治理机制、天津市滨海新区构建“慧·安大港”平台等。

但通观实践，对照诉源治理理论中实现社会公平正义的核心要义，检察机关推进诉源治理现代化的过程中还存在一定的现实困境，制约着诉源治理的效果。比如，检察机关服务保障高质量发展的能力还有待增强，法律监督能力有待进一步提高，重配合协调轻监督制约的情况亟待改善，结合司法办案促进诉源治理的贡献度还需要增加。推进诉源治理的能力有待加强，检察建议的说理性、针对性还有提升空间，推动重点领域和关键行业治标治本力度需要进一步加大。检察机关与其他治理主体间的互动配合较少，治理合力有待整合融合，等等。为此，检察机关应切实提高政治站位，充分认识推进诉源治理现代化的重要意义，能动履职，推动构建诉源治理新模式，为坚持和完善共建共治共享的社会治理制度贡献检察力量。

（一）持续厉行新时代检察理念

推进诉源治理现代化是检察机关参与社会治理的切入点和突破口，也是助推“中国之治”的重要支点。检察机关以能动检察助推诉源治理，必须与时俱进，学习贯彻习近平法治思想，在理念上不断更新。

一是坚持检察为民理念，彰显检察机关公平正义守护者职责。习近平总书记强调，坚持人民主体地位，必须坚持法治为了人民、依靠人民、造福人民、保护人民。[②] 因此，检察机关在参与诉源治理时，必须始终坚持以人民为中心的发展思想，在办好检察为民实事中依法能动履职，依法保障人权。人民群众在不同的时代有不同的需求，进入新时代，人民群众对公平正义的需求更迫切。检察机关要不断更新检察为民理念，始终坚持客观

---

① 参见张文显：《准确把握习近平法治思想的鲜明理论品格》，载《人民日报》2021年12月6日，第9版。

② 习近平：《加快建设社会主义法治国家》，载《求是》2015年第1期。

公正的立场,坚决杜绝机械执法、就案办案,防止出现“天津大妈气枪案”“深圳鹦鹉案”“内蒙古玉米案”等有违人民群众正义观的案件,传递法治正能量,为人民群众提供优质的法治产品。

二是践行双赢多赢共赢理念,彰显检察履职共识。在追诉犯罪、保护无辜的同时,检察机关还担当着社会治理的促进者、法治精神的倡导者和司法文明的推动者角色。在监督办案过程中,应牢固树立双赢共赢多赢理念,既要敢于监督、更要善于监督,坚决摒弃程序主义等消极观念,把握法治规则,创新方式方法,与其他执法机关形成互动、积极的良性工作关系,努力实现办案法律效果、政治效果、社会效果有机统一,着力构建共建共治共享的社会治理格局。

三是坚持“在办案中监督、在监督中办案”,彰显检察担当作为。依法能动履职,要求检察机关进一步坚持在“在办案中监督、在监督中办案”理念,将依法推进诉源治理、基层治理、社会治理作为办案和监督的延伸目标,树立自发自觉、积极主动的检察治理观,以案件为纽带参与社会治理各个领域、各个方面,通过办案实现监督的精准化、拓展监督的覆盖面,以监督促进办案质量与能力提升,不断提高法律监督实效,促进诉源治理。

(二)将检察履职融入诉源治理中

“习近平强调,……努力创造安全的政治环境、稳定的社会环境、公正的法治环境、优质的服务环境”。[①] 检察机关应当坚决贯彻习近平总书记重要指示,履行好检察职能,将四大检察履职内容有效融入诉源治理中。

一是积极贯彻宽严相济的刑事司法政策。[②] 近 20 年来,我国刑事立法不断完善,犯罪态势发生较大变化,严重暴力犯罪数量不断下降,“醉驾”等轻微刑事犯罪数量开始增长。[③] 面对新形势,检察机关要坚决贯彻落实“少捕慎诉慎押”理念,完善羁押必要性审查机制,推动认罪认罚从宽制度充分落实,加大刑事和解和司法救助力度,修复社会关系,助力化解矛盾。2021 年全国检察机关不批捕 38.5 万人、不起诉 34.8 万人,比 2018 年分别上升 28.3% 和 1.5 倍;诉前羁押率从 2018 年 54.9% 降至 42.7%;认罪认罚从宽制度适用率超过 85%,一审服判率 96.5%。[④] 另外,检察机关要以维护社会安定、人民安宁为目标推进诉源治理,落实反有组织犯罪法,常态化开展扫黑除恶斗争,促进基层社会治理,推进更高水平的平安法治乡村建设,从严追诉侵害妇女、儿童、老年人、残疾人等特定群体人身权利犯罪,持续加大惩治网络犯罪力度,从严惩治网络诽谤、侵犯公民个人信息、

---

① 参见《坚持以人民为中心的发展思想 履行好维护国家政治安全确保社会大局稳定 促进社会公平正义保障人民安居乐业的主要任务》,载《人民日报》2018 年 1 月 23 日,第 1 版。

② 参见万春:《宽严相济刑事政策创新发展的检察实践》,载《中国刑事法杂志》2022 年第 4 期。

③ 参见张军:《最高人民检察院工作报告——2020 年 5 月 25 日在第十三届全国人民代表大会第三次会议上》,载《检察日报》2020 年 6 月 2 日,第 2 版。

④ 参见张军:《最高人民检察院工作报告——2022 年 3 月 8 日在第十三届全国人民代表大会第五次会议上》,载《检察日报》2022 年 3 月 16 日,第 1 版。

电信网络诈骗等犯罪。

二是深化虚假诉讼治理。一方面,检察机关应当通过联席会议制度、优化线索移送机制等形式,充分打通司法机关在查处虚假诉讼中的信息壁垒,有效进行虚假诉讼打击的民事、刑事检察方式融合,个案向类案延伸,提升虚假诉讼查处质效。另一方面,检察机关可以会同多部门建立综合治理机制,充分发挥行政机关、社区等部门的职能优势,夯实社会诚信教育基石,提升行政机关对虚假诉讼打击工作的参与度。

三是推进行政争议实质性化解。检察机关应当将实质性化解争议作为诉源治理的重要方面,监督争议化解中的公权力运行,注重解决相对人的实质请求。对于争议确实难以协调一致的案件,检察机关要充分行使调查核实权,发挥抗诉、再审检察建议及公开听证在推动争议化解方面的积极作用。检察机关贯彻"穿透式监督",适度超越行政争议化解的局限,关注行政争议背后的制度性、根源性问题,见微知著、未雨绸缪,深入研究公共事务管理的盲点、难点,为在制度上解决诉源治理问题提出更多建设性意见。

四是充分发挥公益诉讼在诉源治理方面的制度功能。公益诉讼检察在诉源治理方面具有天然优势。① 检察机关要充分发挥公益诉讼的制度优势,推进重点领域的诉源治理。检察机关提起公益诉讼要贯彻矛盾法则,将主要的司法资源投放到公共利益的主要矛盾和矛盾的主要方面中。如在环境公益诉讼中,检察机关将有限的司法资源运用到具有破坏性大、影响性大、疑难复杂的案件中,真正体现公益诉讼的价值。

(三)积极探索检察机关参与诉源治理新模式

2014 年 11 月 9 日,习近平主席在北京出席 APEC 工商领导人峰会开幕式时发表主旨演讲,"生活从不眷顾因循守旧、满足现状者,而将更多机遇留给勇于和善于改革创新的人们。"②检察机关参与诉源治理,必须立足自身职能,不断开拓创新,探索参与治理的新模式。

一是以涉案企业合规改革为切入点,推进服务保障民营经济发展实现新突破。对于涉案企业,检察机关要坚持"可捕可不捕的不捕、可诉可不诉的不诉"理念,妥善办理涉企案件,积极推行涉案企业合规改革,落实第三方监督评估机制,加强企业运营风险研究引导,推动企业建立安全生产机制,帮助企业健全完善管理制度,增强风险防控能力,为企业发展营造良好环境。

二是以率先探索公益损害风险防控为切入点,推进公益诉讼工作实现新突破。在探索预防性公益诉讼工作的同时,检察机关应当在公益诉讼领域进一步探索公益损害风险防控工作,最大程度降低公益损害发生,推动公益损害预防工作立法,将"预防为先、诉防

---

① 参见胡卫列、王菁、裴铭光:《公益诉讼检察在诉源治理中具有独特的制度价值》,载《人民检察》2022 年第 8 期。

② 参见《让亚太继续引领全球增长——习近平主席关于亚太经合组织的重要论述》,载《人民日报》2016 年 11 月 12 日,第 3 版。

结合、标本兼治”的理念外化成生动的教育展示平台，扩大公益损害风险防控的辐射面，防止“公地悲剧”发生，推动形成司法机关、行政部门、企事业单位和社会公众共建共治共享的公益损害防控大格局。

三是以推动数字检察工作改革为切入点，推进诉源治理信息化。信息化建设是检察机关参与诉源治理的重要“引擎”，没有相关信息的采集，检察机关参与诉源治理就是无源之水。检察机关应当坚持需求导向，充分运用大数据、人工智能、区块链等信息化手段，创新检察机关参与诉源治理工作模式，为社会公众提供线上线下、多元便捷的检察服务，将法律监督触角延伸到乡镇、社区、企业园区、打通服务基层的“最后一公里”，让人民群众真切感受到检察院、检察官就在身边。

以习近平法治思想为指引推动新时代检察工作高质量发展的理念与路径

薛国骏*

摘要: 习近平法治思想集中体现了党在法治领域的理论创新成果,内涵丰富、论述深刻、逻辑严密、系统完备。新时代检察工作须以习近平法治思想为指引,从司法实践出发,强化系统观念,践行检察发展新理念,坚持问题导向,准确把握党建与业务、数量与质量、当前与长远之间的关系,创新能动履职,更好服务经济社会高质量发展。

关键词: 习近平法治思想　新时代检察工作　高质量发展　理念路径

习近平法治思想从历史和现实相贯通、国际和国内相关联、理论和实际相结合上深刻回答了我国法治建设进程中的中国之问、时代之问、人民之问和世界之问,开创了中国特色社会主义法治理论和实践新境界,是新时代全面依法治国的根本遵循。检察机关深入学习贯彻习近平法治思想,要立足职能、学思悟践,吃透基本精神、把握核心要义,以高度的政治自觉、法治自觉、检察自觉,落实到每一项工作、每一起案件办理中,以检察工作高质量发展服务保障经济社会高质量发展。

一、践行新时代检察发展新理念

习近平总书记对做好新时代检察工作提出更高标准、更严要求。中共中央专门出台《关于加强新时代检察机关法律监督工作的意见》,检察机关要融会贯通、狠抓落实。近年来,最高人民检察院提出"在办案中监督、在监督中办案""秉持客观公正立场"等理念。检察理念既形成对检察工作状况"应该是这样"判断评价,也形成"我应当这样做"工作指

---

* 薛国骏,江苏省淮安市人民检察院党组书记、检察长。

引和内生动力源泉。[①] 要知行结合,以检察新理念推动检察工作新发展。

(一)践行"以人民为中心"发展理念

全面依法治国最广泛、最深厚的基础是人民,必须坚持为了人民、依靠人民。检察机关既是司法机关也是群众工作机关,检察干警既是司法者也是群众工作者,必须牢固树立司法为民理念。淮安因特殊地理区位、历史纠葛等,人民群众对幸福、安定的生活有着特别期待,即淮水安澜。我们将人民群众对"安"的向往,与检察机关法律守护者的角色相融合,融会为"检护发展、至淮则安"的检察工作理念。新的形势下,检察机关要聚焦民生需求,站稳群众立场、落细为民举措,努力把工作做到群众心坎上。首先,要办好群众身边"小案"。检察机关办理的案件绝大多数是发生在群众身边的"小案",但"小案不小看、小案不小办",以"绣花"的功夫把每一个小案办精办细。司法实践中,小案不等于简单案,有时也很复杂,一些案件简单对照法条完全符合,但有时适用觉得不合常情。"通过制作法律,填补那或多或少见之于每个实在法中的空白。"[②]凡是善法,必有例外,尤其是成文法律,立法者用文字来描述犯罪,必有没有想到的例外情形,即使已经考虑了某些例外的情况,但也不可能穷尽一切例外。这就需要我们用法律思维、法律精神,确定哪些行为属于例外条款,认定例外行为不属于此类犯罪。归纳起来,就是办案中要遵循文本法,还要遵循"内心法",将天理、国法、人情融为一体,让群众真正、切实感受到公平正义。其次,要依法能动履职。检察能动履职有以下两个特征:一是服务型司法。如司法想到稳定,依法惩治犯罪,保障人民群众安居、安定、安全。全面、深度参与社会治理,强化风险研判预警,精准提出各类社会治理研判报告、检察建议。办案考虑发展,运用打击、保护、监督等手段,服务企业、护航发展,让投资者宽心、安心。服务优化效果,用心用情办好民生案件、惠民实事,让人民群众享受安定、和谐。二是主动型司法。如要关注社会司法需求、法律导向、政策导向,注重办案前展后延。"能动履职就要防止就案办案、就事论事。"[③]具体落实到"四大检察"上,刑事检察,既要依法打击严重刑事犯罪、非法吸收公众存款等涉众型犯罪,又要落实"少捕慎诉慎押",减少社会对抗、修复社会关系;民事检察,重点监督纠正借贷、婚姻等领域虚假诉讼,引领良好社会风尚;行政检察,深化行政争议实质性化解,促进案结事了政和;公益诉讼检察,围绕乡村振兴、生态保护等,深层次促进社会治理。

(二)践行"在办案中监督、在监督中办案"理念

习近平就政法工作作出重要指示强调,各级政法机关要"更加注重系统观念、法治思

① 参见贾宇:《新时代检察理念研究》,中国检察出版社 2021 年版,第 3 页。

② 参见[美]本杰明·卡多佐:《司法过程的性质》,苏力译,商务印书馆 2009 年版,第 7 页。

③ 参见《依法能动履职做到"三个效果"有机统一》,载《法治日报》2022 年 4 月 25 日,第 1 版、第 3 版。

维、强基导向"[1]。检察机关既是法律监督机关，也是司法办案机关，必须辩证看待办案与监督之间的关系。"监督与办案内在地统一于检察职能，二者的关系犹如内容与形式、本质与现象的关系。"[2]检察机关基本职能是办案，通过办案来实现法律监督。案件办不好，法律监督就是空中楼阁。法治不是一个静止的概念，不同时代和阶段有不同的法治发展样态。[3] 要正确理解"在办案中监督、在监督中办案"理念：首先，办案与监督是目的和手段的关系。检察机关应当坚持以办案为中心，办案就是主责主业，各项检察工作要围绕办案来思考、谋划和开展。另外，法律监督是办案的价值和意义所在，在办案中发现执法司法中的问题、社会治理中的顽症痼疾，监督纠正延伸办案效果。因此，要克服办案中的片面办案、孤立办案、关门办案等倾向，也要避免脱离办案虚置监督等倾向。其次，办案与监督具有内在统一性。检察办案有的具有被动性特点，审查逮捕、审查起诉等业务活动，因公安机关移送案件而被动开展，不得拒绝办案。"老黄牛"式的只会办简单案件的检察官固然需要鼓励，但更需要在复杂疑难案件面前一锤定音、能够办理新类型案件的检察官，能够发现监督线索、跟进监督的检察官。最后，办案与监督要结合于精品案例打造。我们出台案例课题研究机制，推行资深检察官讲述办案体会等，并按照寻找、研究、培育、总结等环节，系统化推出典型案例，相关做法在江苏省第十八次检察工作会议上作经验交流。对于推进办案与监督在案例打造上的融合，可以分为以下三个层次：一要办对案件，这是底线。就疑难复杂案件，检察官必须发现案件的争议点并提出疑问，且在审查时对证据的全面性、真实性负责，不出错案、瑕疵案。二是办好案件，这是中线，办案得法、得当、得力，办出"三个效果"相统一。三是办出精品案件。在办案中做实监督，在监督中办好案件，多办有影响的典型案件。

（三）践行"双赢多赢共赢"理念

公平正义是司法的灵魂和生命。法律监督并非检察机关单方行为，而是包括被监督者以及其他相关方在内的双方、多方行为。法律监督不是为了监督而监督，其实质是帮助被监督者解决问题、补齐短板，共同维护社会公平正义和公共利益。从时间节点上，法律监督可以分为事前监督、事中监督和事后监督，按序展开与衔接。从传统认识上，"监督"意味着被监督对象"出错"。所以，容易产生抵触情绪。从个案办理上，案件不是工厂里的产品，一个案件和另外一个案件即使相似，也不可能完全相同，证据判断、事实分析、法律适用，无法用完全统一的标准来衡量。因此，要运用检察智慧，努力实现"双赢多赢共赢"。首先，检察机关所处地位，前有侦查机关，后有审判、司法行政机关，处于连接的

---

① 参见《习近平对政法工作作出重要指示强调　更加注重系统观念法治思维强基导向　切实推动政法工作高质量发展　在第一个"中国人民警察节"到来之际向全国人民警察致以诚挚的慰问》，载 http://www.xinhuanet.com/politics/leaders/2021-01/09/c_1126963607.htm，最后访问日期：2022 年 5 月 21 日。

② 谢鹏程：《坚持"在办案中监督、在监督中办案"的检察理念》，载《检察日报》2021 年 1 月 22 日，第 3 版。

③ 参见张文显：《习近平法治思想的理论体系》，载《法制与社会发展》2021 年第 1 期。

中间环节,具有职能上优势,要建立业务沟通、信息共享、联席会议等机制,促进良性互动。如举办培训班,来自公安、法院、律协等部分人员一同参加,增进互信和理解。其次,司法实践中,可能存在办案认识、结论的不一致,检察官需秉持客观公正立场,以事实为依据、以法律为准绳,既无过度也无不及,并通过有效沟通,争取被监督者理解、接受。最后,要恰当运用监督措施。法律监督作为一种法律方法,存在"合理可接受"的问题。[①] 要根据案件不同情况开展调查核实,依法提出再审检察建议或者抗诉、纠正违法通知、公益诉讼检察建议、社会治理检察建议等,必要时还可以根据案件管辖进行立案侦查。如对于退回补充侦查(调查)案件,尽量一次性列明事项,把侦查(调查)目的、方向、方法写清楚,引导侦查人员查明需要补充的具体证据,对方完全可能配合。合理运用法律监督手段,让被监督者信服,并不完全取决于赋予多大强制力,更有赖于监督本身的精准度、可行性。

二、当前检察工作面临的主要问题

"习近平总书记指出,……要继续推进法治领域改革,解决好立法、执法、司法、守法等领域的突出矛盾和问题。"[②]检察机关深入学习贯彻习近平法治思想,要坚持问题导向,找差距,抓重点、补短板、强弱项。

(一)服务大局存在薄弱环节

要"以良法善治保障经济持续健康发展、社会大局长期稳定。"[③]检察机关是法治建设重要力量,要心怀"国之大者",把检察工作放在中心大局中谋划和推进。如淮安市检察机关出台《服务重点企业、护航经济发展检察指引书》,深化检察供给侧结构性改革,努力提供优质的法治产品、检察产品。但调研中发现,有的干警不善于从全局视野看问题,对经济社会发展相关政策理论学习不深、研究不透,结合点、切入点找得不准。有的干警没有跳出检察看检察,与紧跟大局、融入大局、主动作为、能动司法的要求还有距离,因循旧习惯、老经验,就案办案、就事论事、机械司法,服务举措针对性、实效性不强。有的追求特色项目"高大上",没有做到小切口,即围绕一个问题,推出一项措施、促进完善一项制度;统筹不够,各自为战,没有发挥以点串线、以线连片效果,虽然不能说浪费司法资源,但没有发挥最大效能,检察投入与产出不成正比。

(二)仍具有"记工分"考核特点

2017 年 12 月召开的中央经济工作会议指出,必须加快形成推动高质量发展的指标

---

① 参见陈绍松:《司法裁判的合理可接受性》,中国政法大学出版社 2017 年版,第 68 页。

② 参见《切实把习近平法治思想贯彻落实到全面依法治国全过程》,载 https://baijiahao. baidu. com/s? id = 1684009306954307247&wfr = spider&for = pc,最后访问日期:2022 年 7 月 21 日。

③ 中央全面依法治国委员会办公室:《坚持以习近平法治思想为指导 奋力开创全面依法治国新局面》,载《求是》2021 年第 5 期。

体系、政策体系、标准体系、统计体系、绩效评价、政绩考核。检察机关如何建立一套完美的考核体系，需要不断探索实践。如我们在2021年年初，出台绩效考核办法，按照检察办案规律，把"案—件比"等设定"达标性"指标，防止没有最低、只有更低，形成检察"内卷"；设定"限高性"指标，加强审核把关，公益诉讼诉前检察建议等不得拆分，防止为考核而滥发，等等。但调研中发现，如果采取定性考核，则易陷入主观评价，可能失真失准。此情形下，长期以来采取定量考核模式，由此又出现"记工分"特点，办多少案记多少分，实质是考核"劳动量、劳动时间、劳动生产率"。美国学者博登海默说，"如果有使每个人都得出相同结论的规则，就没有必要有法官的存在。"①检察官与法官一样，从事的都是复杂的脑力劳动，是一种有组织的、带有强烈社会责任感和使命感、维护社会公平的法律工作。检察官因司法活动而形成的判断受到诸多因素影响，这些因素包括职业技能、职业经验、社会阅历等。单纯通过计量方式来考核检察官，存在不合理的地方。我们曾经推出过检察官绩效考核软件，按照办案量的多少、案件难易程度、办案效率等进行打分，但考核的结果是公认办案能力强的检察官排名靠后。进行深入分析，此类检察官办理案件大多具有争议性，容易产生诉判不一、认罪认罚率低、上诉率高等问题，即使难度系数高，还是无法排名靠前。因此，应当转变"数量为王"传统考核理念，突出质效优先。

（三）法律监督刚性效果有待提升

习近平总书记强调，要双赢、多赢、共赢而不要单赢。② 法律监督不是你错我对的零和博弈，监督者与被监督者责任共同、目标一致，赢则共赢，损则共损。各级检察机关要牢固树立双赢多赢共赢理念，与政法各部门形成良性、互动、积极的工作关系。③ 注重与相关部门共同推动问题解决，争取最优监督效果。如办理一起案件时，发现超标查封某企业银行资金千万元问题，及时发出检察建议，督促法院解封，共同为疫情期间的企业复工复产提供法治保障。但调研中了解到，检察机关对于案件质量问题的认定，大多以后一道环节结果来评价前一道环节，虽然对是否存在过错进行审查，但在追究司法责任压力下，检察官办案容易出现两个倾向：一是不敢担责，该捕的不捕、该诉的不诉，没有达到依法打击犯罪的效果，或面对疑难复杂案件，未能穷尽法律措施，即提交集体讨论，规避办案风险；二是对批捕和起诉的标准把握不准，不该捕的捕了，捕了想发设法诉出去。症结在于，少数检察官专业素质、专业能力和专业精神不足，有的法律知识浅表化，对案件关键点把握不准，违法与犯罪的分界点不能有效区分。另外，评查案件方面也有待改进，如为了落实"少捕慎诉慎押"政策，评查案件绝大多数针对"不该捕、不该诉"案件，检察官或参与案件研究的人员为了求稳，可能倾向于对案件发表证据"不够"意见，把责任上交，

---

① ［美］博登海默：《法理学：法律哲学与法律方法》，邓正来译，中国政法大学出版社1999年版，第492页。

② 参见《双赢多赢共赢，为"中国之治"添彩》，载 https://baijiahao.baidu.com/s? id = 1684493699679334178&wfr = spider&for = pc，最后访问日期：2022年6月5日。

③ 参见《坚持双赢多赢共赢共同维护人民利益》，载《检察日报》2021年1月16日，第1版。

出现“当捕不捕、当诉不诉”负面效果，产生不敢担当问题。检察机关无法完成其肩负的监督侦查活动、审判活动规范进行的历史重任，可能导致侦、审庞大而公诉弱小的“驼峰”式诉讼结构。① 当前，要把提升监督能力作为重点任务，提升监督质效，夯实双赢多赢共赢的基础。

三、着力拓展检察工作发展路经

在法治实践中，2018 年 8 月 24 日，习近平在中央全面依法治国委员会第一次会议上指出，“既要破解当下突出问题，又要谋划长远工作”②。检察机关要紧跟社会主要矛盾转化，紧紧围绕中心大局，紧贴人民群众司法需求，全面充分履行检察职能。重点要把握以下三对关系。

（一）把握党建与业务之间的关系

习近平总书记指出，机关党的建设是机关建设的根本保证。③ 坚持党对检察工作的绝对领导，是中国特色社会主义检察制度最鲜明的特征，也是最大的政治优势。检察机关必须把党的政治建设摆在首位，坚决捍卫“两个确立”，增强“四个意识”、坚定“四个自信”、做到“两个维护”。首先，要有全局的视野。站在“两个百年”交汇、“两个大局”交织的历史新起点上，为大局服务、为人民司法。淮安市检察机关始终牢记粮食安全这个“国之大者”，立足淮安全国重要商品粮基地、农业大市特点，就农田水利设施、污染耕地土壤、破坏生态保护等问题，积极开展公益诉讼，以法律监督助力守牢耕地红线、藏粮于地；聚焦“省之要者”“市之重者”，推进企业合规经营，开展涉企案例讲述会，助力企业依法规范经营。总之，检察机关要做到大局发展到哪里，检察服务保障就跟进到哪里。其次，构建党建业务融合型体系。如组织开展党组理论中心组学习会、青年干警座谈会等，将政治理论学习作为第一课、必修课。以“淮棠正红”党建品牌打造为抓手，用好用足淮安“恩来家乡”红色资源优势，提升思想境界、强化精神动力、践行为民初心。“推进检察机关党的建设与检察业务建设深度融合，正是对检察发展已进入更高层次发展轨道这一阶段性特征的深刻洞察与把握。”④检察机关要充分认识到，抓党建与抓业务是辩证统一的，不能将二者割裂开来。比如，检察机关的一些办案工作本身并不违反法律规定，但如果党建工作、思想引导不到位，干警没有很好地从政治和全局上把握，办案效果就可能让群众不满意。因此，检察机关要以党建为引领，以业务为抓手，以检察党建工作“好不好”推动解

---

① 参见张建伟：《审判中心主义的实质与表象》，载《人民法院报》2014 年 6 月 20 日，第 5 版。

② 《习近平谈法治建设》，载 https://baijiahao. baidu. com/s? id = 1688819912019109642&wfr = spider&for = pc，最后访问日期：2022 年 6 月 10 日。

③ 习近平：《在中央和国家机关党的建设工作会议上的讲话》（2019 年 7 月 9 日），载 http://www. cac. gov. cn/2019 - 11/01/c_1574138808242876. htm? from = groupmessage，最后访问日期：2022 年 6 月 10 日。

④ 朱雅频：《推进党建工作与检察业务融合发展》，载最高人民检察院官网 · 机关党建 · 理论研究，最后访问日期：2020 年 6 月 11 日。

决检察产品质量“好不好”问题。

(二)把握数量与质量之间的关系

推动高质量发展,要重视量的发展,更要重视解决质的问题,在质的大幅提升中实现量的有效增长。对于检察办案而言,数量、质量是衡量的两个重要标准。办案数量和办案质量的关系是辩证的:没有一定的办案数量,办案质量就无从说起;然而,没有办案的高质量,单纯有办案的高数量,则也是无意义的。[①] 数量是基础,是各项检察职能是否充分发挥的重要考量,如诉前羁押率是反映少捕慎诉慎押的关键指标,淮安市检察机关持之以恒抓紧,诉前羁押率长期处于全国、全省最优板块,2021 年仅为 14.63%,全省最低。质量是关键,要加强办案质量的管控,深化案件质量评查,落实司法责任制和错案责任追究制。如召开案件检视剖析会,对往年因司法理念偏差导致的质量问题案件逐案过堂、逐案检视、逐案点评。总之,数量与质量理想状态是二者高度统一,有一定办案数量,也有较高的办案质量。但司法实践中,监督数量有时也受外部因素影响,如所在地执法司法质量的高低,“数量”下降并不意味着监督力度的降低,“数量”上升也并不代表监督效力的提升,如凑数监督、拔高监督、拆分监督,数量是上去了,但质量下来了。另如,羁押必要性审查,如果仅仅考核该数量性指标,而不配套考核捕后不诉、捕后判处轻缓刑等质量性指标,则可能出现“虚假”“注水”数据,极端情况下后会出现案件来了先捕,羁押必要性审查后再放,严重损害司法权威、检察权威等现象。因此,数量与质量两者发生冲突时,“宁肯少些,也要好些”,质量比数量更重要。当前,“四大检察”中,刑事检察监督存量基数大、容错率低,判决无罪、减少罪名、撤回起诉等可能被追责,其他“三大检察”增量在攀升。从发展方向上,刑事检察要偏重质量,其他“三大检察”在兼顾质量的基础上,注重监督数量。

(三)把握当前与长远之间的关系

习近平总书记强调,“全面推进依法治国,建设一支德才兼备的高素质法治队伍至关重要。”[②]当前,新时代检察工作面临的困难很多,但突出的是“人”的问题,也就是检察人才的缺乏,尤其是基层检察院相对严重,领军人才少。从长远发展角度,打造过硬检察队伍,文化的力量无可替代。为了破解难题,我们持续向人才传导“办好身边的小案,就是厚植党的执政根基”的价值追求;聚焦“喂案子”,利用重大疑难复杂案件“富矿”,有针对性地交给一些“好苗子”办理,并将优秀人才放到基层一线、艰苦地方、吃劲岗位扎实历练;制度化运行“耕淮法研社”,开展常态化研讨交流;建立青年骨干人才库,由“一把手”检察长带班、命题、检查,实行动态跟踪管理。检察人才培养,要高度重视提升履职中的政治能力,并以有本事作为“标准”来衡量,也就是有出庭、写作、接访、评查案件等能力。

---

① 参见汤维建:《用改革推动检察事业的全方位发展》,载《检察日报》2019 年 3 月 4 日,第 3 版。

② 习近平:《加快建设社会主义法治国家》,载《求是》2015 年第 1 期。

强调出庭能力,是因为出庭要有丰富知识积累,有说服、辩论、快速反应能力,以及矛盾证据分析和合理采信能力,具备该项能力后,做其他工作可能就得心应手。强调写作能力,法律文书要能写清楚事实、写明白道理,撰写理论文章,助力思考和解决遇到的难题。强调接访和调解能力,是深化群众工作的需要。强调案件评查能力,要能够找出问题、找出瑕疵、找出毛病,进而找准改进提升方向。总之,通过能力提升,逐步解决"不适应""跟不上""本领恐慌"问题。检察人才茁壮成长,离不开良好的发展环境。检察文化具有潜移默化作用,看不见、摸不着,但能够左右人的行为。要依靠先进的检察文化,引导检察官具有强烈的社会责任感,追求公平正义的使命感,把为人民司法的理念深植于心,逐渐摆脱功利思想,把"做一名受人尊敬的检察人员"作为一种目标追求、价值追求,内化于心、外化于形。先进的检察文化,需要长期的培育,不是几年就可以完成的。千里之行,始于足下,以"功成不必在我"的境界,一步一个脚印,蹄疾步稳地向前推进,为检察工作高质量发展提供更加有力的检察文化支撑。

主题研讨

驻企合规监督员制度探析

周绪平*

摘要：在当前第三方监督评估机制的制度设计中，对涉案企业推进落实合规计划时如何嵌入式地开展监督，缺少细化的规定和机制的保障，仅凭第三方组织定期或不定期地到涉案企业开展一些浅层次的监督和评估，即出具合规考察报告。通过合规整改的验收，极易出现“纸面合规”“虚假合规”的问题。建议借鉴域外经验做法，在顶层设计上建立驻企合规监督员制度，以弥补对一些耗时较长、规模较大的涉案企业在合规整改时，第三方组织监督不深入、不系统、不全面的漏洞，促进涉案企业真正将合规计划落到实处，见到效果。

关键词：涉案企业合规　驻企合规监督员　职责定位　工作模式

涉案企业合规改革试点工作能否取得实效，关键在于第三方监督评估机制的落实，其中最重要的是对涉案企业合规计划制定的审查、合规计划履行的监督、合规整改成效的评估，是否能够真正审查、监督、评估到位。在上述三个环节中，最为关键、在一线实务中也最为薄弱的是第二个环节，即对涉案企业合规计划履行的监督。笔者拟在对域外合规监督员制度设计进行考察的基础上，对在涉案企业合规改革试点工作中，建立具有中国特色的驻企合规监督员制度提出框架性的建议。

一、问题的提出

2021 年 6 月，最高人民检察院、全国工商联等九部委印发了《关于建立涉案企业合规

---

* 周绪平，江苏省检察官学院院长。

第三方监督评估机制的指导意见(试行)》(以下简称《指导意见》);同年 11 月,全国工商联办公厅、最高人民检察院办公厅等九部委办公厅印发了《〈关于建立涉案企业合规第三方监督评估机制的指导意见(试行)〉实施细则》(以下简称《实施细则》)和《涉案企业合规第三方监督评估机制专业人员选任管理办法(试行)》,从而建立起国家层面的涉案企业合规第三方监督评估机制。2022 年 4 月,全国工商联办公厅、最高人民检察院办公厅等九部委办公厅又印发《涉案企业合规建设、评估和审查办法(试行)》,对第三方监督评估机制相关工作的有序开展进行了规范。但仔细研究这一系列制度中关于第三方组织对涉案企业合规计划进行监督评估的相关规定,笔者发现,这些规定更多关注的还是如何开展合规计划的制定及评估,而对在合规考察期间内,如何对涉案企业合规计划的履行进行有效的监督,却几乎没有涉及或者很少涉及。以《实施细则》为例,涉及对涉案企业合规计划履行的监督,主要规定在该《实施细则》第六章"第三方机制的运行"中,该章共十四个条文,仅在第 31 条①作了一些原则性的规定。各地在试点工作开展中,仅仅依靠第三方组织对涉案企业合规计划的落实履行情况开展监督。在一些具体个案中,第三方组织限于时间和精力,往往只能开展一些蜻蜓点水似的监督,并没有深入到企业之中,嵌入式的监督涉案企业将合规计划履行到位。

2021 年 12 月 16 日,最高人民检察院张军检察长在涉案企业合规第三方监管人座谈会上指出,"要通过改革试点工作督促涉案企业'真整改''真合规',重要前提是第三方组织、人员要做到'真监督''真评估',谨防企业合规整改成为走过场的'纸面合规'、可改可不改的'软约束'。第三方组织开展监督评估,重点是核查涉案企业承诺的合规计划是否执行到位。"也就是说,如何有力有效地对涉案企业的合规计划进行"真监督",确保合规计划履行到位,是涉案企业合规改革试点工作中关键环节,也是核心问题。要做到"真监督",关键还得有专业的人员或者团队,深入到涉案企业之中,对其承诺的"合规计划"的履行,予以嵌入式、坐班式的常态化监督,监督涉案企业将合规计划真落实、真整改,才能取得良好的整改成效。

正如上文所言,考察目前全国各地试点地区制定的改革方案、配套文件和典型案例,对于涉案企业在合规计划履行时,如何嵌入式、坐班式的开展监督,在制度层面往往还没有设计,在一线实务中也鲜有涉及,更多的做法是由第三方组织不定期地到涉案企业进行一些表层的监督,之后对合规计划的完成情况开展验收评估。这种跳过中间监督环节的监督评估模式,往往会导致涉案企业对合规计划的推进和落实流于形式,形成走过场的"纸面合规"。

---

① 《〈关于建立涉案企业合规第三方监督评估机制的指导意见(试行)〉实施细则》第 31 条第 1 款规定:"在合规考察期内,第三方组织可以定期或者不定期对涉案企业合规计划履行情况进行监督和评估,可以要求涉案企业定期书面报告合规计划的执行情况,同时抄送负责办理案件的人民检察院。"

二、驻企合规监督员制度的域外考察

在美国、英国、法国的暂缓起诉协议制度中，检察机关除了要求涉案企业在约定的考验期之内，作出改进合规计划的承诺以外，还要求企业聘请独立的合规监督员(compliance monitor)，随时监督和审查涉案企业遵守协议、改变经营方式以及制订或完善合规计划的情况，并向执法机关或监管机构作出定期汇报。①

(一)美国暂缓起诉制度中有关合规监管员的规定

在美国实施的暂缓起诉制度中，与检察官达成暂缓起诉协议的企业，经过一定时期的考验后，会被宣告无罪。但企业暂缓起诉需满足以下条件：一是企业需缴纳数额较大的罚款；二是必须与检察官达成企业合规重建或完善的计划，同意检察机关选派的合规监督员进驻企业，接受检察机关的监督。一般来说，暂缓起诉协议中都会约定由检察机关向涉罪企业派驻合规监督员。该监督员由检察机关委任，薪酬由涉罪企业支付。监督员一般是退休的检察官或法律界、金融界等领域的专业人士。②

(二)英、法等国的暂缓起诉制度中有关合规监督员的规定

英国的暂缓起诉协议是指享有对刑事案件提起公诉权力的反严重欺诈办公室(SFO)和皇家检察署(CPS)，在对涉嫌犯罪的企业提起公诉后，在法官的监督下与该企业达成的一项附条件的暂停起诉的协议。英国的暂缓起诉制度与美国的不同之处，主要是引入了司法审查模式，即这种协议必须经法院审查、批准和监督，但在合规监督员的设立方面，英美两国的做法基本一致。比如，2014 年，英国反严重欺诈办公室与 Standard Bank PLC 达成了英国历史上第一起暂缓起诉协议。根据这份协议，反严重欺诈办公室指派 PWC 公司就该银行内部反贿赂和反腐败合规程序的重建进行审查与监督，而 PWC 公司须向反严重欺诈办公室提交定期报告，以验证被告银行改进合规计划的进展情况。③同样，起源于美国的暂缓起诉协议制度，也逐渐被大陆法系的法国所接受，并被作为处理企业犯罪案件的重要方式，法国制定的《萨宾第二法案》，即要求检察官在签署暂缓起诉协议时，应考量涉罪企业是否同意在反腐败局的监控下，在第三方独立专家的监督下，在 3 年之内建立或完善合规制度。④

(三)域外派驻企业合规监督员的典型案例

在域外司法实践中，在一些重大的企业合规案件中设立驻企合规监督员，已属于常设职务。以西门子合规案为例，在该案中，西门子公司同意接受美国司法部派出的一名合规监督员，开展了持续四年的监督。这名合规监督员权力很大，有权审查公司所有合规、财务、内部审计等文件，先后提出的 150 多条监督意见，西门子公司均全盘接受。从

---

① 参见陈瑞华：《企业合规中的暂缓起诉协议制度》，载《比较法研究》2020 年第 1 期。
② 参见张琳：《建立企业合规不起诉制度的框架性建议》，载《人民检察》2021 年第 9 期。
③ 参见陈瑞华：《企业合规中的暂缓起诉协议制度》，载《比较法研究》2020 年第 1 期。
④ 参见李奋飞：《论企业合规考察的适用条件》，载《法学论坛》2021 年第 6 期。

工作时间计算来看,对西门子公司的合规监督工作,占用了该合规监督员绝大部分的时间,也就是说,西门子公司的合规监督员是一种专职的监督,在长达四年的时间内,其除了对西门子公司进行合规监督之外,不从事其他工作。

三、驻企合规监督员的职责与定位

认真研究最高检等九部委制发的《指导意见》和《实施细则》,我们可以发现,制度设计者将涉案企业合规建设实际上细分为以下三个环节:第一个环节是制订合规计划。按照《实施细则》第 28 条的规定,第三方组织根据涉案企业情况和工作需要,应当要求涉案企业提交单项或者多项合规计划;第 29 条规定,第三方组织应当对涉案企业合规计划的可行性、有效性与全面性进行审查。也就是说,在这个环节,涉案企业的主要职责是制订合规计划,第三方组织的主要职责是对企业提出制订合规计划的要求,并对企业制订出来的合规计划进行审查。第二个环节是在合规考察期间,对合规计划履行情况的监督与评估。按照《实施细则》第 31 条的规定,在合规考察期间内,第三方组织可以定期或者不定期对涉案企业合规计划履行情况进行监督和评估,可以要求涉案企业定期书面报告合规计划的执行情况。也就是说,在这个环节,涉案企业的主要职责是履行合规计划,并定期向第三方组织书面报告,第三方组织的主要职责是对涉案企业合规计划履行情况进行定期或者不定期的监督评估。第三个环节是在合规考察期届满后,第三方组织对企业合规计划完成情况进行评估和考核。按照《实施细则》第 33 条的规定,第三方组织在合规考察期届满后,应当对涉案企业的合规计划完成情况进行全面了解、监督、评估和考核,并制作合规考察书面报告。也就是说,在这个环节,涉案企业的主要职责是配合第三方组织的评估与考核,第三方组织的主要职责是对涉案企业的合规计划完成情况进行评估和考核,并制作书面考察报告。

本文所提出的驻企合规监督员,设立于合规建设的第二个环节,即在合规考察期间,协助第三方组织,嵌入式地对涉案企业合规计划履行情况进行监督。其具体职责是受第三方机制管委会的委派,对涉案企业合规计划的履行情况,实行专人专岗的实时监督,并帮助企业解决合规建设中遇到的困难和问题。这种监督与第三方组织侧重于对涉案企业合规计划及其完成情况的评估、考察等“事后”监管不同,是一种“事中”全流程、日常化的监督。在具体个案中,合规监督员需在一定期限内“驻企”监督,其监管事项更加微观具体,监管方式更具常态实效。工作中,对于涉案企业对合规计划履行不到位、推进不力的,驻企合规监督人有权要求企业整改。如经提醒,企业仍不认真履行合规计划的,驻企合规监督人要及时向第三方组织或办案检察院报告,由第三方组织或办案检察院对企业予以约谈、警诫和督促落实。

为便于理解,笔者从以下三个方面入手,来厘清驻企合规监督员的职能定位:

第一,驻企合规监督员与第三方机制管委会和第三方组织的关系。按《实施细则》的规定,在涉案企业合规建设的第二个环节里,第三方组织要定期或者不定期对涉案企业合规计划履行情况进行监督和评估。也就是说,制度设计者并不要求第三方组织常驻企业对其合规计划的履行情况进行监督。但在没有专业人员(团队)对涉案企业的合规计划履行情况进行常态化监督的情况下,涉案企业是否能够如其承诺的那样,一丝不苟地履行好合规计划?如果涉案企业因没人监督、或者监督不深入而有所懈怠,其合规计划的履行成效必然会打折扣。设立驻企合规监督员,实质上就是为了弥补第三方组织不能长时间驻守在涉案企业进行监督的缺憾。基于此点,笔者认为,驻企合规监督员应该是第三方机制管委会根据涉案企业合规建设的规模、合规计划的履行情况,选任并派驻到企业对其合规计划履行情况开展监督的专业人员,也可以是专业团队,其主要职能是协助第三方组织开展工作,其具体工作内容由第三方机制管委会与涉案企业共同商定,其工作开展情况向第三方机制管委会和第三方组织报告,并接受第三方机制管委会的监督。

第二,驻企合规监督员与办案检察院的关系。从当前的制度设计来看,对于设立驻企合规监督员,虽然并没有明文的规定,但从职能上来说,驻企合规监督员作为协助第三方组织履行监督评估职能的专业人员(团队),其是否有必要设立,应征得办案检察院的同意;对于推荐的人选,办案检察院应进行资格审查;对其业务的开展,办案检察院也应予以指导。驻企合规监督员在履职过程中,遇到困难和阻碍时,办案检察院还有义务帮助协调和排除。

第三,驻企合规监督员与涉案企业的关系。驻企合规监督员的主要职能,就是监督和督促涉案企业扎实有效地履行好合规计划,并帮助涉案企业解决合规计划履行中遇到的困难和问题。从某种意义上来讲,驻企合规监督员更像是企业聘请的合规指导员,其履职的好与坏,将直接关系到企业合规计划履行的成效,并进入关系到涉案企业合规计划的完成情况能否通过第三方组织的评估、考察。因此,作为受益的一方,涉案企业应积极支持配合驻企合规监督员的工作,并承担其履职的费用。在具体工作中,涉案企业可在第三方机制管委会的指导下,与驻企合规监督员签订专门协议,从驻企合规监督员的监管职责、范围、期限、报酬等方面,明确双方的权利义务,不仅使驻企合规监督员履职有据,也保障驻企合规监督员提出的各项监督意见、建议的刚性落实。

四、驻企合规监督员的适用条件、选任标准与工作方式

(一)驻企合规监督员的适用条件

按照最高人民检察院等九部委出台的《指导意见》第3条规定,第三方监督评估机制适用于公司、企业等市场主体在生产经营活动中涉及的经济犯罪、职务犯罪等案件;第4条规定,对于同时符合下列条件的涉企犯罪案件,试点地区人民检察院可以根据案件情况适用本指导意见:(1)涉案企业、个人认罪认罚;(2)涉案企业能够正常生产经营,承诺建立或者完善企业合规制度,具备启动第三方机制的基本条件;(3)涉案企业自愿适用第

三方机制。也就是说,只要符合上述条件,试点地区人民检察院均应对涉案企业适用第三方机制开展企业合规建设。但在企业合规中,是否需要设立驻企合规监督员,则不能一概而论,因为设立驻企合规监督员,需要投入一定的财力物力,客观上也会增加涉案企业的合规整改成本,要严格把握适用条件。

针对我国大部分涉案企业均为中小微企业的状况,笔者建议,在企业合规中适用驻企合规监督员,应本着突出重罪、注重规模、自愿设立的原则。

一是突出重罪原则。即适用驻企合规监督员的涉企案件,应该是涉案企业负责人的法定刑可能在 3 年以上有期徒刑的重罪案件。这是因为涉案企业负责人可能判处 3 年以上有期徒刑,说明涉案企业的犯罪数额较大、涉案企业的内部管理极不规范、合规文化极为匮乏、企业负责人的法律意识也极为淡薄,需要下很大的精力来开展合规建设。在这种情形下,只有选派专业人员(团队)进驻企业开展嵌入式的合规监督,才能督促涉案企业真正将合规计划落到实处,收到实效。

二是注重规模原则。即适用驻企合规监督员的企业,应该具备一定的规模。笔者建议,这类企业至少平均纳税额应在 50 万元以上、用工数在 50 人以上。这主要是考虑到对纳税额和用工数均不大的小微企业开展合规建设,适用第三方组织进行简式监督、评估即可,不需要再增加一个驻企合规监督员的角色。只有具备一定规模的涉罪企业,在开展企业合规整改时,设立专门的驻企合规监督员岗位,才能取得更好的监督效应,所产生的费用企业也能够较无压力地承担。

三是自愿设立原则。即设立驻企合规监督员,应本着企业自愿适用的原则。从涉案企业的角度来看,聘请专业人员(团队)担任驻企合规监督员,不仅可以推动合规计划切实履行,还可以帮助解决一些合规整改中遇到困难和问题,方便企业合规计划的完成并通过最终的评估验收,应该说是利大于弊的事,但如果企业基于费用,或者其他方面的考虑,不愿意设立这样的岗位,则第三方机制管委会也不必勉强。

(二)选任驻企合规监督员的标准

驻企合规监督员是第三方机制的重要补充,其开展的工作和出具的意见,对第三方组织最终的考察决定具有较大的影响,在选任驻企合规监督员时,应严格把握四个方面的标准:

一是独立性。即选任的驻企合规监督员,不能为涉案企业内部人员,或者是涉案企业及其负责人的利害关系人,应是独立于企业、能够客观公正履职的人员。

二是专业性。即选任的驻企合规监督员,应是具有与涉案企业所涉罪行方面相关专业知识的人员,或者专业人员组成的团队来担任。

三是自主性。即在选任驻企合规监督员时,应赋予企业对合规监督员的选择权,人选可以由企业提出,也可以由地方行政执法单位推荐,但应经第三方机制管委会审核同意,并报办理案件的检察院备案审查。

四是约束性。即选任的驻企合规监督员，应与企业签订合规监管合同，明确双方的权利与义务，并向办理案件的检察院出具公正透明履职的承诺书。

（三）驻企合规监督员的工作方式

设立驻企合规监督员的初衷和关键，就在于能够集中专业人员（团队）的精力、全流程参与到涉案企业的合规整改之中。为确保驻企合规监督员的履职成效，在工作中应实行"坐班式"工作，即要求驻企合规监督员在履行职责的时间内，不能从事其他工作，只能专职在企业坐班开展工作，当然具体坐班时间，可以根据案情和企业的实际情况，报经第三方机制管委会同意后，适当予以调整，但在涉案企业坐班开展工作的时间，不应少于合规考察期的三分之二。

在监管手段上，驻企合规监督员可以采取复印、查阅、摘录，以及深入车间巡查、组织个别访谈、开展问卷调查等多种方式进行。在监督范围上，可涵盖企业经营决策制定、产品生产流程管控、原料进出库管理、财务发票管理等各个经营环节，通过嵌入式、沉浸式地监管，确保合规计划全面完整落实。

实际上，上述关于驻企合规监督员制度的设想和模式，并不是笔者的纸上谈兵，在一些涉案企业合规改革试点地区，已就设立驻企合规监督员开展了一些有益的探索与实践，也取得了很好的效果。如据《法治日报》报道，镇江开发区人民检察院办理了一起适用独立监管人制度的企业合规案件。涉案企业涉嫌侵犯他人商标权，经相关部门推荐，涉案企业聘请了镇江市市场监管局推荐的退休业务骨干为合规监管人，合规监管人每周在企业坐班 4 天，将企业合规监管工作贯穿于企业合同签订、生产加工、产品销售等各个环节，并针对涉案企业侵犯他人商标权的行为，定期组织企业负责人及员工开展知识产权保护等普法培训，先后提出建立涉知识产权合同专人审核制度、积极申请注册企业商标等 20 余条合理化建议，均被该企业采纳。目前，合规监管人已协助该企业完成两个注册商标和一个专利的申报事项。①

五、驻企合规监督员的履职保障与监督

（一）驻企合规监督员的履职保障

驻企合规监督员在涉案企业合规整改考察期内，需要长驻企业专职开展监督工作，只有支付一笔较为优厚的报酬，才能保障驻企合规监督员用心勤勉履职。前文已论证过，考虑到设立驻企合规监督员的最终得益对象是涉案企业，驻企合规监督员的报酬，理应由涉案企业来承担，当然地方政府予以资助，或者由地方设立的企业帮扶基金来支付，也未尝不可。在具体工作中，可由第三方机制管委会牵头，组织涉案企业与驻企合规监督员进行商谈，明确需要支付的履职报酬，并签订合同予以保障。同时，为便于开展工

① 参见丁国锋、卢志坚：《先行先试，做好企业合规"后半篇文章"》，载《法治日报》2022 年 2 月 25 日，第 4 版。

作,第三方机制管委会还应要求涉案企业为驻企合规监督员提供履职所需的办公场所和内部管理、财务、运营和业务往来资料,方便驻企合规监督员掌握涉案企业的第一手资料,并认真落实好驻企合规监督员提出的各项改进合规计划履行情形的意见。

(二)对驻企合规监督员的监督

驻企合规监督员具有一定的准司法属性,在履行对涉案企业合规整改的监督职责时,也应接受相关机构的监督,才能保证其公平公正、尽心尽责地履职。在实践中,可从以下三个方面,加强对驻企合规监督员履职的监督。

一是加强第三方机制管委会的监督。第三方机制管委会在组建巡回检查小组,对企业合规整改情况进行“飞行检查”时,不仅要检查第三方组织的履职情况,对于设立了驻企合规监督员的涉案企业,也要检查驻企合规监督员的履职情况,对履职不认真、不负责的驻企合规监督员,可以直接予以警告或者调整。

二是加强第三方组织的监督。第三方组织对涉案企业合规计划的履行情况进行监督评估时,不仅要监督评估企业合规计划的完成情况,还要监督驻企合规监督员是否真正履职,对不认真履职或者不能保证一定时间开展“坐班式”监管的驻企合规监督员,可建议第三方机制管委会予以更换。

三是加强涉案企业的监督。对于履职不尽力、拿钱不干事的驻企合规监督员,涉案企业可以向第三方机制管委会反映,提请第三方机制管委会及时更换驻企合规监督员。同时,还可在涉案企业内建立内部举报制度,发挥涉案企业内部“吹哨人”的作用,及时发现和举报驻企合规监督员与涉案企业沆瀣一气、虚假合规的问题。

涉案企业合规整改后刑行衔接的问题与解决

司　彤　黄　闯*

摘要：涉案企业合规改革试点中，检察机关与行政部门都兼具重要的职责，承担着社会治理与引导企业的规范性经营的任务。时至今日，涉案企业合规已经进入探索的深水区，各种问题与挑战层出不穷。又因涉案企业合规案件中的行政犯比率居高，所以司法机关与行政部门需要积极合作。这种合作应当贯穿合规全过程，特别是有效合规整改后，从刑事处理到行政处理的衔接。在以往的行刑衔接案件中，多为从行政处理到刑事处理的衔接。在检察机关对合规整改的涉案企业作出宽缓处理后，从刑事程序的结束到行政处罚的做出的衔接模式，缺少相关规定与制度的理论研究。涉案企业合规整改后的刑行衔接，既是作为有效合规的程序保障，也是法秩序的统一的综合表现。部分合规实践案例中良好的刑行衔接取得了非常好的社会治理效果。综合整理相关的实践经验，可以归纳出针对合规整改后“从刑到行”的衔接方案，包括落实合规结果的刑行互认，完善行刑信息互享机制与建立考察回访制度。

关键词：涉案企业合规　刑行衔接　法秩序统一

一、问题的提出

涉案企业合规是指检察机关对于办理涉企刑事案件时，在依法做出不批准逮捕、不起诉决定或者根据认罪认罚从宽制度提出轻缓量刑建议的同时，针对企业涉嫌的具体犯罪，结合办案实际，督促涉案企业作出合规承诺并积极整改落实，促进企业合规守法经营，减少和预防企业犯罪所开展的特定工作。在合规整改验收评估合格后，检察机关认为有必要的，会建议行政部门对涉案企业作出行政处罚。

在涉案企业合规的工作中，以虚开增值税专用发票罪、环境污染罪、单位行贿罪等罪

---

* 司彤，江苏省人民检察院第四检察部检察官助理；黄闯，江苏师范大学法学院2021级法律（法学）硕士研究生。

名占比较大。合规所涉犯罪绝大部分为行政犯，也就是法定犯，[①]区别于自然犯，行政犯本身并无强烈的道德、人伦层面的谴责性，而是因“违反前置行政法规”而形成的犯罪。其特征是具有行政违法性与刑事违法性双重属性。在承担双重法律责任的同时，需要适用刑事和行政双重程序进行衔接处理。据此两种程序的适用过程中需要高度配合，行政部门与司法机关的合规工作也就不能完全独立进行。其衔接工作包括前期对行政案件的移送与合规期间对第三方监管机制的构建，以及对合规成果的验收等方面内容。但实践中，整体合规工作尚在深度探索阶段，从刑行衔接的角度来看，尤其是合规后的衔接，仍有较大的研究空间。

涉案企业有效合规整改后，刑行衔接的不足体现在以下几个方面：

一方面，从刑事到行政衔接的程序性规范较为缺乏。国务院及其各部门出台的相关文件，也多为规定行政到刑事的衔接。如国务院印发的《法治政府建设实施纲要》指出，应当完善行政执法与刑事司法衔接机制，加强两法衔接信息平台建设，推进信息共享机制化、案件移送标准和程序规范化。再如，《关于加强行政执法机关与公安机关、人民检察院工作联系的意见》《行政执法机关移送涉嫌犯罪案件的规定》《环境保护行政执法与刑事司法衔接工作办法》《国家食品药品监督管理局、公安部关于做好打击制售假劣药品违法犯罪行政执法与刑事司法衔接工作的通知》等，其内容明确规定了行政部门移交案件到司法机关的程序。

另一方面，刑行衔接缺乏有效途径。较之通常刑事程序，涉案企业合规工作可能会增加合规验收评估与移交行政处罚等步骤，增加了检察机关与行政部门后续工作内容与职责。检察机关根据涉案企业合规状况，对企业做出刑事宽缓处理，认为有必要的，向行政部门提出检察意见或制发检察建议，行政部门再参照意见建议对涉案企业进行行政处罚。但现行规定并没有要求行政部门必须对检察意见或建议进行回复，也没有要求行政处罚的裁量必须参考刑事合规结果。例如，辽宁省发布的《关于建立涉罪企业合规考察制度的意见》第 29 条规定：“检察机关对涉罪企业作出不起诉决定后，认为需要给予行政处罚的，应将不起诉决定书一并移送行政监管机关，由行政监管机关依法依规处理。”该规定虽然由检察机关与各行政部门联合发布，但是却没有要求对检察建议进行反馈。对比宁波市人民检察院发布的《宁波市检察机关关于建立涉罪企业合规考察制度的意见（试行）》第 18 条规定：“被不起诉的涉罪企业需要给予行政处罚的，检察机关应当提出检察意见，连同不起诉决定书一起移送有关主管机关处理，并要求有关主管机关及时通报处理情况。”虽然该文件中规定了反馈机制，但遗憾的是检察机关发布的文件对行政机关并无直接强制力。由此可见，全国各地检察系统对合规的事后刑行衔接问题都有一定的探索，但是也都存在不统一与难实施的情况。由于涉案企业合规中的行政犯具有双重违

① 参见陈瑞华：《企业合规的基本问题》，载《中国法律评论》2020 年第 1 期。

法的特征，故必须要求刑事处理与行政处罚进行有效衔接。但在合规工作结束后，检察机关却仅仅只依靠检察意见或建议的方式与行政部门进行沟通，[①]这种缺少强制反馈机制的交流方式，容易造成低效衔接。

二、完善涉案企业刑行衔接法秩序统一的理论基础

之所以会有涉案企业合规的刑行衔接问题，主要是因为以下几点：首先，涉案企业之所以“出罪”，是因为其在涉案后能够认罪认罚、积极配合、补救挽损，并进行了有效的合规整改，消除了管理漏洞和治理缺陷，对于再次实施同类犯罪进行了有效的预防。[②] 这一点区别于通常的行政犯，不仅有从行政到刑事的案件转移过程，而且存在从刑事再到行政的衔接过程。

其次，单位能够通过合规整改获得一定的合规激励，是因为企业的责任基础在于企业为自己的行为承担责任，而非为企业内部的某个自然人承担代位责任。通过对自然人行为、责任与公司罪责关系的分析后，公司在自身责任的认定过程中是否有良好的内部管理系统成为重要的考量因素。简言之，排除违法或责任类型的刑事合规制度是符合公司罪责理论的。[③]

最后，因为我国没有行政处罚与刑事处罚一体化的责任制度，在合规制度的引进过程中，当检察机关对涉案企业做出刑事宽缓处理后，并无对其罚款的权力。故检察机关需要专业化程度高的行政部门对各领域的涉案企业进行行政再处理。

因此，涉案企业合规的刑行衔接的是合规无法回避的研究内容，对此还是应当先回到理论层面寻找支撑。刑法是其他部门法的保障法，其他部门法律是刑法的前置法，[④]这一点上，自然犯与行政犯都是如此，只不过行政犯由于行政部门的前置处理，其他法律法规相较刑法的前置性展现得更为明显。这种违法构成的理解正是法秩序统一的基础，简言之，违法行为触犯的不是某一个部门法，而是整体法律构建的秩序。[⑤] 基于法秩序的统一的理论要求，各部门法之间应当保持一致，尽管对于一致的概念，理论界并无定论，但是统一的基调基本算是达成一致。涉案企业合规制度，属于刑事制度的范畴，合规能够推行，某种程度而言正是基于法秩序统一的理论支撑，涉案企业的违法行为已经触犯刑法的前提下，企业能够通过整改，换来合规激励，最终在承担一定的行政责任后，继续健康发展，其底层原理正是前置法与保障法为达成社会治理的共同目的而进行综合运用。

---

① 参见徐日丹：《促进“严管”制度化，防范“厚爱”被滥用——检察机关开展企业合规改革试点工作综述》，载《检察日报》2021 年 4 月 9 日，第 1 版、第 2 版。

② 参见陈瑞华：《企业合规出罪的三种模式》，载《比较法研究》2021 年第 3 期。

③ 参见李本灿：《刑事合规制度的法理根基》，载《东方法学》2020 年第 5 期。

④ 参见陈兴良：《违法性理论：一个反思性检讨》，载《中国法学》2007 年第 3 期。

⑤ 参见简爱：《从刑民实体判断看交叉案件的诉讼处理机制》，载《法学家》2020 年第 1 期。

虽然不同法域,对同一行为类型的调整具有自身的相对性,[①]对同样的行为类型,行政法律法规与刑法所保护的法益会有些许不同,以《治安管理处罚法》为例,其中对"卖淫"方式的规定,就远远超出刑法中该概念的界定范围。差别的主要原因是行政法的处理偏向于社会治理,强调社会治理效率与效果。刑法则强调对组织者或恶意主体的打击与犯罪预防。对于涉案企业合规案件中的行政犯,刑法所保护的法益可以理解为涉案企业已经侵犯或因存在管理漏洞可能侵犯的公私利益与行政管理秩序,恰与行政法所保护的法益有所重叠。从这个角度出发,涉案企业合规不起诉后的刑行衔接就是通过司法与行政双手段去实现社会治理效果与法益保护效果的统一。

三、企业合规后刑行衔接的实践

优化营商环境是党中央、国务院在新形势下做出的重大决策部署,是解放生产力、促进高质量发展的重要举措。十八届四中全会通过的《中共中央关于全面推进依法治国若干重大问题的决定》也指出要"健全行政执法和刑事司法衔接机制,实现行政处罚和刑事处罚无缝对接"。尽管涉案企业合规工作还处于"双轨执法体制"[②]模式下,刑行交流衔接都受到一定限制,但各地检察机关对于合规后的涉案企业大都做了一定的工作延展,积极的与行政部门相配合,并取得一定的成绩。

探索工作基本上可以概括为:其一,提高行政部门对合规结果的认可度,确保涉案企业合规的价值得到实现。例如,深圳某公司走私普通货物案,[③]海关对涉案公司做出行政处理决定时,将第三方监管工作小组相关考察意见作为重要的参考,酌情相对减少对该企业的行政处罚。企业合规的刑行衔接问题既是实现实质性合规的保障,也是引导涉案企业持续性健康经营的关键。该案件中,检察机关对行政部门的检察建议,以及附带的合规整改成果在得到行政部门的认可后,符合涉案企业对"合规激励"的合理预期,使企业有动力剔除内部的犯罪因素。健康良好的内部管理使企业如获新生。在合规整改后的一年,检察机关对合规企业进行回访调查,该企业在合法合规的基础上实现年营收25%、年进口60%逆势同比增长。同年该企业被深圳市宝安区评为"3A"信用企业(海关认证、纳税信用、公共信用)与诚信合规示范企业。

其二,合规工作中加强行政部门与检察机关信息交流。如江苏省宿迁市某公司侯某、宋某假冒注册商标案[④]中,涉案企业在整改期间,检察机关与行政机关就已经开展密切的合作,经常同行到涉案企业考察合规执行情况并听取行政主管部门的意见。尽管该企业的各项整改相对合规,但根据行政主管部门意见,由于该企业的整改计划中的注册

---

① 参见李文吉:《论我国行政犯构成要件的规范要素内容之填补原理与方法》,载《北方法学》2022 年第 4 期。

② 朱孝清:《企业合规中的若干疑难问题》,载《法治研究》2021 年第 5 期。

③ 参见最高人民检察院:《关于印发〈企业合规典型案例(第二批)〉的通知》,2021 年 12 月 8 日。

④ 参见 2021 年江苏检察机关服务保障民营经济高质量发展典型案例二。

商标使用并没有得到切实有效的落实，检察机关依法对该企业提起公诉。由此可见，各行各业在各自的领域内都有对应的行政主管部门，相较检察机关有着更专业的行业知识。因此，行政主管部门的意见对检察机关来说具有较强的参考性。

其三，对合规工作的进一步延伸与扩展。企业合规监督评估后，涉案企业合规体系是否能够实现持续有效地运行，直接关系到合规整改的实效。需切实做到“涉案企业合规考察—问题漏洞排查分析—行业风险系统治理”模式。在张家港某公司、睢某某销售假冒注册商品案①中，张家港市人民检察院联合公安机关对涉案企业启动合规监督考察程序，确定了6个月的整改考察期。考察期限届满后，该企业通过了合规评估验收。据此，张家港市人民检察院对公安机关发出检察意见，建议公安机关根据合规整改成效对案件及时作出撤案处理，并移送市场监督管理部门进行行政处罚，促进企业合规合法经营，警示潜在缺乏规制约束的企业守法发展，建立长效机制，实现精准监督。合规程序结束后，张家港市检察机关与相关行政主管部门就该涉案企业设立了两个月回访期，不定时地对企业的发展进行回访调查，发现该企业经营步入正轨，同时因为合规建设成效较好，其他两家大型企业看中其合规资质并与其建立了长期合作关系，业务预期翻了几番，发展势头强劲，在当地给其他企业起到了很好的示警与示范的作用。

四、规范涉案企业合规整改后刑行衔接的具体措施

（一）推动刑行合规互认

涉企经过合规整改后获得的激励性刑事处遇，也应过渡至行政领域。所谓“刑行协同”，正是通过检察意见等方式积极推动刑事合规成果在行政机关的监管活动中得以运用。

从检察机关角度而言，其并没有直接对涉案企业处罚的权力，只能通过以向行政机关制发检察建议的方式去督促、建议。如果检察建议只停留在“建议”层面，很容易造成合规的纸面化。

检察机关推行的涉案企业合规试点，是要通过引入合规机制来参与社会治理的最新探索。② 在探索过程中，很容易因为急于求成对合规的标准有所放宽，对于事后的行政处罚上也是笼统地采取建议轻缓处理。对此，有些地区的检察机关已经意识到该类问题并作出相应的规定。例如，江苏省人民检察院制定下发的《江苏省检察机关办理涉企业合规案件工作规程（试行）》中规定，对于检察机关作不起诉处理的案件需要移送行政处罚的，不是一味提出从轻处罚的意见，要根据案件具体情况秉承“当轻则轻、当重则重”原则

---

① 参见最高人民检察院《关于印发〈企业合规典型案例（第二批）〉的通知》，2021年12月8日。

② 参见孙佳：《当检察官听说企业准备不干了　检察建议助力跨境电商　保障新型小微企业复工复产》，载青岛市人民检察院微信公众号2020年6月15日发布。

提出处理意见,不搞简单化的“一刀切”。对于有些案件,要推动行政机关在后续行政处理中认可企业合规成果,防止检察机关费尽心思“救活”企业,却被行政机关“罚死了”。对于其他一些案件,也要防止行政处罚不到位,造成企业犯罪成本过低,形成不良示范效应。

在合规互认层面上,对于有效合规的涉案企业而言,检察意见应当指出行政机关对该案的适用处罚标准、处罚依据,以及适用条件。因为对于行政机关而言,遵守本部门的规章制度的必要性,是大于参考性的检察意见的。既有责任承担问题,也有部门协作时的微妙关系。因此,检察机关的检察意见,不能光靠从轻从宽等言辞,更不能仅根据检察机关所适用的规定,而是应当提前与行政部门沟通,然后以检察意见或检察建议的方式明确具体的指出处罚的依据、处罚的标准。这并不会导致越权,因为检察意见或检察建议并不能直接对行政部门产生刚性约束,从某种程度而言,反而使该行政处罚有了司法机关的背书。

从行政机关角度而言,检察机关的检察意见、建议,本身并不属于自己工作体系,与部门内部规定也存在差异。例如,虚开的增值税专用发票罪根据《税收征收管理法》第 63 条中规定的处罚范围是“不缴或者少缴的税款百分之五十以上五倍以下”的罚款。在其内部也有着什么情节对应具体适用几倍罚款的规定。当检察意见、建议写着从轻时,往往都是整倍的差距,数额巨大。所以,对于行政机关,在前期配合合规工作时就应当及时与检察机关沟通处罚事宜。同时行政机关应当对检察意见、建议建立相应反馈机制,点对点回复,提高交流效率。合规成果的互认最终也将会保障合规整改发挥替代刑事处罚方面的实质性功能。①

(二)完善刑行信息共享机制

涉案企业合规工作的实质化,要求各部门提高工作交流效率,建立刑行交流工作简报制度,因为行政部门相比司法机关,对案件介入更早、了解更深,专业性判断更强,检察机关与行政主管部门可以通过类似于“两法衔接”平台信息共享,避免信息的不对称性,提高案件办理质效。检察机关审查认为行政机关移送的犯罪线索中的涉案企业有必要适用企业合规考察制度的,可以通过主动提前介入行政案件、引导行政机关开展社会调查,同步固定相关证据,缩短后期考察期限。例如,淮安梁某等操纵证券市场案中,涉案企业为上市公司,合规整改工作流程多、耗时长。淮安市检察机关利用“两法衔接”信息共享平台,在提前介入阶段即开展合规工作,有效解决了合规整改期限长与检察机关办案期限间短的矛盾。本文认为,各地应当借鉴该模式,扩展刑行交流渠道,增加刑行互动。

同时,信息共享的建立还应当体现在检察机关对于行政机关对类案的处理建议上,

---

① 参见陈瑞华:《刑事诉讼的合规激励模式》,载《中国法学》2020 年第 6 期。

由个案合规到行业治理进行溯源治理。信息共享不仅仅是行政机关向司法机关移送犯罪线索,司法机关更应当在个案处理后就行业整体问题对行政机关提出意见建议。个案刑事合规聚焦于企业内部治理,只能解决单个企业的合规问题,而行业合规治理则强调优化外部营商环境,意义重大。例如,无锡市惠山区人民检察院通过惠企"慧"控大数据平台,分析行业犯罪风险,总结行业合规建设事项,对刑事合规个案考察验收合格后,积极与市场监督管理局、工商联以及行业协会等行政机关、社会团体沟通,并制发检察建议书,建议市场监督管理局、工商联对同类型企业开展检查,并参照涉案企业刑事合规整改方案进行整改。

在企业合规刑行衔接方面,各地检察机关虽然做了一些探索,取得了一定成效,但距离全面高效的要求,还有一定的差距和不足,如合规理念有待进一步统一、执法司法机关的沟通协作有待进一步增强。检察机关在服务保障经济健康发展、优化法治营商环境方面还能做得更多。据此,检察机关要继续落实好宽严相济刑事政策,在办案中依法科学合理处置,进一步完善合规宽缓处理与行政处罚的衔接机制。

(三)建立考察回访制度

美国司法机关对企业合规的一劳永逸的合规方案十分的排斥。[①] 其原因是一次性的整改方案即使再科学有效,也很难确保企业在生产经营中能够持续保持。因此,我国检察机关对能够有效合规整改的企业作出宽缓处理的同时,认为需要移送行政处罚的,应当在移送后对后续行政处理的情况进行跟踪掌握,保证刑事司法、行政执法的严肃性、统一性。检擦机关与行政部门的追踪调查,可以看作一种事后的企业风险评估或者风险识别,应当符合相关的工作原则,包括全面风险识别、及时风险识别与客观风险识别原则等。[②] 检察机关可以视企业风险、案件情况,联合相关行政部门和第三方监督评估组织,通过调查访谈、实地走访等方式,在一定期限内对企业合规机制运行状况进行跟踪回访,督促企业继续保持规范经营,巩固合规整改效果,促进企业将刑事合规效果逐步延伸到行政监管环节,形成全面合规的自觉。

考察回访在当下实践中,一般都是由地方检察机关自主决定。但是回访制度的意义不仅仅是对合规成效的判断,还是对于能否实现合规价值的最终考量。应当具体化、细节化地完善相关制度。对于无法短期完成的合规任务,或者短期内无法看出成效的合规方案,可以设立一到两年的回访期,采取"飞行检查"模式即联合主管行政部门以不打招呼、不定期的方式进行登门回访,对公司的合规整改的核心问题进行检查与记录。该模式最早用于国际产品认证机构对获证企业的跟踪检查,在一定程度上可以避免形式主

---

① See J. Paul McNulty, Jeff Knox & Patricia Harned, *What an Effctive Corporate Compliance Program Should Look Like*, 9 Journal of Law, Economics & Policy 375, 384(2013).

② 参见巴曙松主编:《监管与合规通识》,机械工业出版社2020年版,第97页。

义，揭开那些为合规而合规的伪装，其产生结论一般更具真实性。一方面能更好地强化企业的合规意识和守法自觉性，另一方面能让合规结果取得更好的社会反馈，让有效合规整改的企业重获商业信誉。

五、结语

涉案企业合规整改后刑行衔接的冲突，虽然只是企业合规改革中一个非常细微的待解问题，但是其能否得到妥善解决同样离不开对涉案企业合规改革目的的准确理解和对企业合规整改结果的正确运用。本文“推动刑行合规互认”“完善刑行信息共享机制”“建立考察回访制度”的配套措施构建的解题建议也正是立足于此的必然选择。

涉案企业合规的制度中，会同时涉及“行政违法”与“刑事犯罪”两个概念，这种双重责任就意味着涉案企业合规适用双重处理程序，既不能让涉案企业以“行”代“刑”，也不能让涉案企业的合规激励只有刑事激励，缺乏行政激励。在此背景之下，要真正地达到过程可监督，结果可控制的状态，就必须重视涉案企业合规的刑行衔接，不仅仅是本文所述的合规整改后从刑事处理到行政处罚的衔接，在行政部门案件的移交与合规整改的全过程中，都需要行政部门的紧密配合。只有这样，才能确保涉案企业合规改革精准清除企业违法犯罪的潜在因素，为企业实现持续健康发展保驾护航。

检察委员会

检察长列席审判委员会制度发展路径探析

梁晓勇　张　晨*

摘要：作为检察机关多元化法律监督中重要组成部分的检察长列席审判委员会制度，最重要的是解决监督什么和如何监督的问题，有必要确立检察长列席审判委员会进行实体和程序双重监督的原则与理念，采取普通会议由检察机关检察委员会专职委员列席监督、重大会议由检察机关检察长或副检察长列席监督的模式，设计由启动程序、列席阶段程序和会后反馈及评价程序组成的具体列席程序。

关键词：检察长列席审判委员会　法律监督　列席模式

关于检察长列席审判委员会，其法律依据主要见于《人民检察院组织法》及最高人民法院和最高人民检察院于2010年出台的《关于人民检察院检察长列席人民法院审判委员会会议的实施意见》（以下简称《意见》），然而，《意见》关于列席检察长的职责权限、列席方式尚未明确，规定的列席程序还须细化，列席监督的案件范围和主体范围具有一定局限性，实务界对于检察长列席审判委员会的角色定位依然存在困惑，上述问题亟待达成共识。某种程度上，该项制度在司法实践中有被强制推行之嫌，并未产生制度设计所期望产生的价值和效果。显然，随着司法改革的不断推进，出于加强检察机关法律监督职能的需要，检察长列席审判委员会制度作为一项重要的改革举措再次成为学术界和实务界争论的焦点，该项制度的深化发展面临一系列新情况、新要求和新任务，迫切需要我们从法律和政策、理论和实务等多重维度认真剖析、重新定位、寻求最能发挥其价值功效

* 梁晓勇，江苏省徐州市人民检察院法律政策研究室主任；张晨，江苏省徐州经济技术开发区人民检察院第四检察部副主任。

的发展道路。

一、检察长列席审判委员会的监督内容:程序、实体双重监督

检察长为什么要列席审判委员会? 简言之,为了法律监督。那么,监督什么? 是从实体上监督法院对案件的判决结果还是从程序上监督审判委员会的审议过程? 若是前者,是否会损害控辩平衡原则,有碍审判独立? 若是后者,法律监督的效果是否能够真正实现? 这也是司法实践中关于检察长列席审判委员会制度最具争议的焦点问题,直接决定了检察长列席审判委员会时的监督和发言内容。

有观点认为,检察长列席审判委员会制度的价值定位出现了严重偏差,即检察长以控诉者的身份列席审判委员会,而不是以纯粹的监督者的身份列席审判委员会。为了避免影响和妨碍审判机关独立行使审判权,检察长列席审判委员会时不能从实体上监督审判委员会审议的案件,也就是说,不能就合议庭认定事实、证据采信、法律适用等案件实体问题发表观点,只能从程序上监督审判委员会的审议过程。司法实践中,一些检察机关在检察长列席审判委员会时确实是这样实践的,即仅从程序上监督和发表观点。

对此笔者并不认同。如若检察长列席审判委员会仅从程序上监督审判委员会的审议过程,不能就审议案件发表观点,就失去了列席的价值和意义。因为通常情况下,审判委员会的审议过程在程序上不会存在违法问题,审判委员会会议都会按照法律规定的程序进行,即使有流程上的小瑕疵,检察长碍于情面也不会当场指出。所以如果检察长列席审判委员会单纯监督审议程序,发言只会是关于合议庭办案负责和审判委员会审议程序正当之类的套话。这种列席只会浪费检察长的时间和精力,法律监督职能显然无法发挥真正的效能,只会导致检察长列席审判委员会制度流于形式。包括审判监督权在内的法律监督权是宪法赋予检察机关的权力,如果不有效使用,不用到实处,就会导致这种权力被弱化,甚至可能被剥夺。既然法律规定了检察长列席审判委员会制度,就应当有效利用这项制度,利用检察长列席审判委员会这个平台,充分发挥检察机关的审判监督职能不仅要从程序上监督审判委员会的审议过程,还要从实体上监督法院对案件的审理和裁判,确立检察长列席审判委员会进行实体和程序双重监督的原则与理念。这实际上也契合了检察权的“一元论”和“二元论”:从检察权“二元论”的角度看,检察长列席审判委员会进行实体监督,属于公诉权的延伸,是诉讼职能的体现,对审判委员会会议进行程序监督则是行使审判监督职能的有效方式;从检察权的“一元论”来看,检察机关通过检察长列席审判委员会,无论是实体监督还是程序监督,归根结底是在对法院的审判活动进行法律监督,是通过介入审判委员会这一场域履行宪法赋予检察机关的法律监督职能。

至于检察长列席审判委员会进行实体监督有可能损害控辩平衡、有碍审判独立的质疑,笔者认为,即使实体监督也不会破坏控辩平衡结构,妨碍审判权的独立行使。第一,检察官是秉持客观公正义务的司法主体,检察长列席审判委员会时发表的观点,是客观

公正义务支配下形成的观点。检察长列席审判委员会,并非以控方的身份出席审判委员会,并非为了强化指控,实质上是以法律监督者的角色和身份,基于检察官客观公正义务的要求,对审判委员会审议案件的办理程序、审议程序以及实体处理进行法律监督,从而保证法律的正确实施,保证审判机关的公正裁判,防止冤假错案的出现。正如我国台湾地区学者林珏雄所言"余非上命下从之行政官,亦非独立自主之法官,余乃处于两者之间,实现客观法意旨并追求真实与正义的司法官署"。在大陆法系尤其是德国,检察官作为"护法者"的角色定位,使"客观义务"成为不可缺少的制度性随附;[①]在英美法系尤其是美国,检察官几乎具有不受限制的自由裁量权,"寻求公正"的责任即美国法中的"客观义务",成为重要的法概念。我国《检察官法》中亦规定,检察官履行职责应当秉持客观公正的立场,办理刑事案件应当坚持罪刑法定原则,尊重和保障人权,既要追诉犯罪,也要保证无罪的人不受刑事追究。因此,检察官在行使职权时不能带有入罪倾向。比如,检察官在审查中退回补充侦查、进行非法证据排除、作出不起诉决定、主持刑事和解、监督撤案等,都充分说明检察官在判断嫌疑人是否有罪方面总体是持客观中立态度的。承担公诉职能的检察机关并非"控方当事人",并非单纯地站在原告的立场进行控诉,并不能和民事诉讼的原告方画等号,不管是行使公诉权的行为还是列席审判委员会,都是代表国家利益和社会公共利益维护国家法律的统一正确实施。从这个角度看,检察长列席审判委员会并不会破坏控辩平衡的诉讼结构。第二,检察长列席审判委员会并发表意见不会妨碍审判机关独立行使审判权,不会对审判机关的独立裁判构成不当干涉。检察机关的法律监督权能一般不具有终局性或实体处分的效力,[②]这一点同样体现在检察长列席审判委员会制度中,检察长可以发表监督意见,但无权进行表决和参与案件最终的处理。检察长列席审判委员会会议时发表的观点也只是对审判委员会委员发表意见起参考作用,审判委员会委员具有兼听承办法官意见和检察机关意见后独立思考并作出表决的权力和能力,不可能唯检方意见是从,而且可以通过审判委员会表决时列席的检方人员离席回避的制度设定来保证审判委员会委员表决的独立性。第三,依法独立行使司法职权,并不意味着司法职权运行的过程中不需要接受任何监督,即使实行司法独立体制的英美法系国家,也设有陪审团制度对法官权力进行制约,而我国合议庭作出的裁判也有人民陪审员的参与。同理,检察长列席审判委员会是对独立行使的审判权的合法监督,而非不当干涉,除了监督案件办理的程序和实体外,审判权是否独立行使、是否有其他外界因素的不当干预,也是检察长列席审判委员会进行监督的内容之一。因此,检察长列席审判委员会不仅不会损害司法职权的独立性,而且有利于实现司法公正这一更高的诉讼价值。

---

① 参见龙宗智:《检察官客观义务:理想与现实之间》,载《检察日报》2014年10月16日,第3版。

② 参见黄亚洲、宁锦松:《刑事诉讼中检察长列席审委会制度的反思与改进——从履行法律监督权再出发》,载《辽宁公安司法管理干部学院学报》2019年第2期。

事实上，在审判委员会审议案件时，只有承办法官亲自审查了案件，亲历了庭审，也只有承办法官及其分管领导对案件的事实和证据更清楚，其他审判委员会委员对于案件是不具备亲历性的，对案件事实和证据的了解基本都来源于承办法官提供的汇报提纲及其在会议上的口头汇报，有可能造成信息来源的片面性，在某种程度上有听取"一面之词"之嫌。在这种情况下，检察长列席审判委员会会议并就案件的处理发表意见，实际上对于审判委员会委员审议案件和发表观点提供了多一份参考，与承办法官汇报案件形成了一个制衡点，弥补了审判委员会委员对案件亲历性的不足，有利于促进审判委员会会议形成决定的公正性。

二、检察长列席审判委员会的监督模式：普通会议与重大会议并轨制

"监督什么"的问题解决之后，则要探讨"如何监督"的问题。如何监督？显然是通过列席发言来监督，那么列席监督是常态化还是偶尔为之？是主动参与还是被动受邀？除了检察长，还有谁可以列席发言？这就涉及监督模式的问题。鉴于上文确立了检察长列席审判委员会进行实体和程序双重监督的原则与理念，笔者建议，监督模式应采取普通会议由检察机关检察委员会专职委员列席监督，重大会议由检察机关检察长或副检察长列席监督的模式。

具体来说，法院审判委员会召开会议审议与检察机关有关的案件或事项，均应通知检察机关列席。

模式一：普通会议由检察机关检察委员会专职委员列席监督

如果审判委员会审议与检察机关有关的普通案件或事项，则由检察机关的检察委员会专职委员列席即可。检察委员会专职委员列席时只对审判委员会的审议过程进行程序监督，监督的内容包括：参加会议的审判委员会委员人数是否符合规定，人员是否适格；承办法官的准备材料是否充分，汇报提纲制作是否规范，汇报案件是否全面和客观；审判委员会委员的发言是否客观中立，是否按照法定的顺序进行发言；审判委员会是否遵循了回避原则、民主集中制原则，是否存在"一言堂"的情况；[①]审判委员会的决定是不是法定多数人的意见；审判委员会会议是否按照法律规定的程序进行；是否存在影响审判权独立行使的案外因素介入。检察委员会专职委员列席审判委员会进行监督的方式，是以一个旁观者的身份进行监督，无须发表意见，审判委员会审议程序不当甚至违法的，检察委员会专职委员应当当场提出监督意见或事后向法院发出建议。

模式二：重大会议由检察机关检察长或副检察长列席监督

如若审判委员会审议的是与检察机关有关的重大案件或事项，如可能判处被告人无罪的公诉案件，检察院提出抗诉的案件，检察院提出再审检察建议的民事、行政案件，检

① 参见高松林：《检察长列席审判委员会制度的价值分析与完善路径》，载《中国检察官》2018 年第 23 期。

察院起诉的具有重大社会影响的案件，法院与检察院对案件有重大分歧的案件，法院与检察院会签的重要规范性文件等，这些情况下，检察长应当列席审判委员会会议，不能列席的应委托副检察长列席。检察长或副检察长列席审判委员会时，一方面，要对承办法官没有汇报到位的案件内容或公诉人出庭时没有在法庭上阐述的内容进行补充说明，针对审议案件的事实、证据、法律适用等关键性实体问题发表意见，为审判委员会委员提供决策参考；另一方面，要对承办法官的汇报进行法律监督，监督承办法官的汇报是否全面、客观、真实，监督合议庭采信的证据是否符合证据裁判规则，监督案件的办理是否遵循"以审判为中心、以庭审为中心"原则。检察长或副检察长列席审判委员会时，检察院的检察委员会专职委员依然要共同列席，对审判委员会的审议过程进行程序监督。

检察长列席审判委员会时发表的观点是否一定是之前的公诉意见呢？笔者认为，并不必然。如果在庭审之后到审判委员会召开的这段时间，检察机关对案件事实、证据、法律适用、定性、量刑等问题的认识发生了变化，或在审查审判委员会汇报材料、与承办法官沟通后，同意了承办法官的意见（该意见与公诉意见不同），那么在列席审判委员会时可以发表与之前公诉意见不同的观点。毕竟，检察长列席审判委员会，并非为了强化指控，实质上是以法律监督者的角色和身份，基于检察官客观公正义务的要求，对审判委员会审议案件的程序和实体环节进行法律监督，从而保证法律的正确实施，保证审判机关的公正裁判。

三、检察长列席审判委员会的程序设计：会前、会中、会后全覆盖

（一）检察长列席审判委员会的启动程序

首先，什么情况下启动检察长列席审判委员会程序？即检察长列席审判委员会的议题范围是什么？《意见》对检察长列席审判委员会的议题范围进行了界定：（1）可能判处被告人无罪的公诉案件；（2）可能判处被告人死刑的案件；（3）人民检察院提出抗诉的案件；（4）与检察工作有关的其他议题。根据此范围，对于基层院而言唯有抗诉案件可有充足理由列席，显然规定的列席范围过于狭窄，这也是司法实践中很多检察院列席较少的原因之一。为了实现监督全覆盖和列席常态化，笔者建议，法院审判委员会召开会议，只要审议的是与检察机关有关的案件或事项，均应通知检察机关列席。何为"与检察机关有关的议题"？包括检察机关提起公诉的案件、提起公益诉讼的案件、提出抗诉的刑事、民事、行政案件和提出再审检察建议的案件。普通案件或事项由检察机关检察委员会专职委员列席，重大案件或事项由检察机关检察长或副检察长列席。对于与检察机关无关的案件或事项，如果社会影响较大的，人民法院认为需要检察院列席的，可以通知检察院列席。

其次，如何启动检察长列席审判委员会程序？当前，检察长列席审判委员会会议基本是受邀列席，检察长是否列席审判委员会由法院决定，这种监督程序由被监督者来启

动的方式存在制度上的内在缺陷。[①] 笔者认为，须建立列席备案和通知机制。凡人民法院拟召开审判委员会会议，由审判委员会办事机构于会议召开 3 日前将议题交由检察委员会办事机构备案。检察委员会办事机构认为议题是与检察机关有关的案件或事项时，告知审判委员会办事机构检察机关需要列席此次审判委员会会议，由审判委员会办事机构将汇报材料交由检察委员会办事机构，检察委员会办事机构审查材料后，进一步区分议题是与检察机关有关的普通案件或事项，还是与检察机关有关的重大案件或事项，如果是前者，则通知本院检察委员会专职委员列席审判委员会会议；如果是后者，则通知本院检察长列席审判委员会会议，并将议题、汇报提纲及其他会议材料分送给列席会议的检察长（副检察长）和检察委员会专职委员。检察机关应当在审判委员会会议召开前 1 日，将列席人员名单交给审判委员会办事机构。

（二）检察长列席审判委员会的列席阶段程序

第一，关于检察长列席审判委员会时的发言顺序。《意见》规定，检察长列席审判委员会，可以在人民法院承办人汇报完毕后、审判委员会委员表决前发表意见。用“可以”的形式对发言顺序提供了一种建议。司法实践中，除了这种发言模式，还有一种是在审判委员会委员发表意见后，表决之前，列席会议的检察长发表意见。这种模式的好处在于审判委员会委员发表意见不会受到列席检察长所发表意见的影响。笔者认同《意见》规定的发言顺序。如果列席会议的检察长在审判委员会委员发表意见之后方发表列席意见，则失去了为审判委员会委员提供决断参考的意义，在承办法官发表合议庭意见后即发表列席意见，一则可以对承办法官遗漏的内容或未掌握的情况进行补充说明；二则可以与承办法官发表的合议庭意见形成一个制衡点，对于审判委员会委员审议案件和发表观点提供多一份参考；三则可以对承办法官的汇报进行实时监督，促使承办法官全面、客观、真实地汇报案件情况。

第二，关于检察长列席审判委员会时的表决阶段程序。因为检察长列席审判委员会只有列席监督权，那么只能就审议的案件发表监督意见，而无权参与审判委员会的表决。同时，为了保证审判委员会委员表决的独立性，防止检察长在场使得审判委员会委员碍于情面或受影响而作出违背真实意愿的表决，应当规定在审判委员会的表决环节，列席会议的检察人员须离席回避，这样审判委员会委员就可以在兼听承办法官意见和检察机关意见后独立思考并作出表决，不会出现因检察长列席审判委员会而有碍审判权独立行使的负面效果。

具体来说，在审判委员会会议召开阶段，首先由承办法官汇报案件并发表合议庭意见；之后由列席的检察长发表列席意见，不仅要就案件的处理发表实体意见，还要针对承办法官的汇报以及审判机关对案件的审理发表监督意见；检察长发表意见完毕后，审判

① 孔杰、孙娟：《完善检察长列席审判委员会会议制度的思考》，载《上海政法学院学报》2017 年第 1 期。

委员会委员可以针对案件的疑问部分询问承办法官和列席会议的检察人员，然后按照法定顺序依次发表委员意见，在审判委员会委员发表意见时，列席会议的检察人员不应进行诱导发言或与之争论；最后，列席会议的检察人员离席，由审判委员会委员进行表决，会议形成审判委员会决定。

（三）检察长列席审判委员会的会后反馈及评价程序

会议结束后，审判委员会办事机构应当在会议结束后的5个工作日内将审判委员会决定和会议纪要移送检察机关。检察机关应当针对检察长列席审判委员会的情况制定列席会议纪要和列席反馈意见书。列席会议纪要是针对检察机关自身制作的，内容包括列席的时间、列席的议题、列席发表的意见以及意见被采纳情况。列席会议纪要存档并报送上级院备案。列席反馈意见书是针对法院制作的，内容包括对审判委员会会议召开的整体评价、存在问题和意见建议。上文已述，普通会议由检察机关检察委员会专职委员列席监督，检察委员会专职委员列席时不发表意见的，其监督建议即可在会后的列席反馈意见书中体现。列席反馈意见书于收到审判委员会决定的5个工作日内移送法院。如此，形成一个涵盖会前、会中、会后的全流程的程序规范。

（四）检察长列席审判委员会的司法责任

当前，列席制度联结审判权运行和检察权运行两套机制，但司法责任的落实却处于空白地带。检察长列席审判委员会虽然没有表决权，但是由于检察长要对审议案件的认定和处理发表实质性观点，其发言有可能会影响到审判委员会委员的意见甚至审判委员会形成的决定，所以有必要在检察长列席审判委员会时引入司法责任制。将司法责任制引入检察长列席审判委员会制度中，一方面可以促使列席审判委员会的检察长更加审慎、负责地对待列席工作，更加规范、有效地运用法律赋予自己的列席监督的权力，既防止检察长敷衍、应付列席审判委员会工作，也防止检察长列席审判委员会制度流于形式；另一方面可以促使列席审判委员会的检察长更加理性地倾听、审视承办法官的汇报及意见，更加客观、中立地就案件的认定和处理发表观点，而非为了实现成功指控的目的，在审判委员会会议上盲目、偏激地指控犯罪。检察长列席审判委员会，未必要延续公诉人的公诉意见，如果发现公诉意见有误或提出的量刑建议不当，也可以借由列席的机会及时纠正公诉人错误的指控意见或不当的量刑建议，最终实现维护国家法律统一正确实施的目的。这样也消弭了关于检察长列席审判委员会损害控辩平衡、有碍独立审判的质疑。那么，列席审判委员会的检察长在何种情况下有可能被追究司法责任？如果检察长在列席审判委员会会议上就案件发表的意见最终被法院采纳，依据该意见作出的判决或裁定被认定是错误的，而列席会议的检察长在审查案件和发表意见时存在故意或重大过失，就应承担相应的司法责任。

新《行政处罚法》背景下对网约车非法营运的几点思考

——从一起行政处罚类行政复议案件谈起

侯丽莉*

摘要:网络预约出租车(以下简称网约车)作为一种经营性客运服务,与作为共享经济下的一种互助形式的私人小客车合乘(拼车、顺风车)有着本质区别。实践中,以顺风车的形式主动搜索客运订单载客营利的行为频频发生,行政机关对其作出行政处罚的合法性和合理性都存有一定的争议。在监管网约车依法运营方面,要秉承开放、包容、审慎的行政规制理念,进一步加强顶层设计,完善配套制度建设,强化行政执法监督,推进法治宣传教育,从而实现网约车运营管理的法律效果与社会效果相统一。

关键词:网约车　私人小客车合乘　行政处罚

一、问题的提出:基于一起行政处罚案件

2021 年 8 月某日,江苏省某市某区交通运输局在市中心公园园门外查获车主驾驶小型普通客车从事汽车客运经营,搭载两名乘客从某地到市中心公园等地。经查明,车主在手机上通过某网络运输平台软件顺风车功能中搜索 A 地到 B 地的订单,进而找到 A 地到 B 地、A 地到 B 地附近 C 地两笔订单,两单乘客通过该软件分别支付 61 元和 78 元(乘客客户端付费数额),车主自认的成本分别为 35 元和 45 元,车主未取得道路运输许可。某区交通运输局在执法过程中向车主表明了身份,并出示了执法证件,同时告知其

* 侯丽莉,江苏省法律事务中心管理八级职员。

依法所享有的陈述、申辩的权利。后某区交通运输局依据《江苏省道路运输条例》第9条第1款和第65条第3款的规定，作出行政处罚决定书，决定给予车主罚款人民币2万元的行政处罚。

车主对该处罚决定不服，提出行政复议称：车主开展的是顺风车服务，而某区交通运输局以违规开展网约车服务为理由处罚与事实不符。网约车和顺风车是两个不同软件，区别在于网约车需要网约证和运输证，而顺风车平台提供的并不是经营性运输服务，车主与平台无任何雇佣合作的关系，车主与乘客的顺路同行行为属于民事互助行为。请求撤销案涉行政处罚决定。

某市交通运输局认为：顺风车不是以营利为目的，其收取乘客的费用应以行使中消耗的油、气或者过路费为依据，本案中车主收取A地到B地和C地的费用是61元和78元，自认的成本分别为35元和45元，收取乘客的费用超过上述必要费用，应当认定是非法营运。此外，顺风车接单顺序应当为车主先发布信息，然后乘客响应，但是本案中是乘客发布信息，车主在平台搜索得到的信息接单，不符合《国务院办公厅关于深化改革推进出租汽车行业健康发展的指导意见》（以下简称《指导意见》）中对顺风车适用的相关规定。申请人在没有取得道路运输经营许可前提下，擅自从事道路运输经营，违反了《江苏省道路运输条例》第9条第1款规定；依据《江苏省道路运输条例》第65条第3款规定，对车主作出2万元的行政处罚符合法律规定，驳回复议申请。

本案的争议焦点在于：车主以顺风车的形式主动搜索订单载客营利的行为是否构成了未经许可擅自从事网约车经营服务？

二、问题的分析：行政处罚的合法性与合理性

实践中，人们经常将顺风车、拼车与专门营运的网约车相混淆。《指导意见》第10条规定："私人小客车合乘，也称为拼车、顺风车，是由合乘服务提供者事先发布出行信息，出行线路相同的人选择乘坐合乘服务提供者的小客车、分摊部分出行成本或免费互助的共享出行方式。"《网络预约出租汽车经营服务管理暂行办法》第28条规定："任何企业和个人不得向未取得合法资质的车辆、驾驶员提供信息对接开展网约车经营服务。不得以私人小客车合乘名义提供网约车经营服务。"第38条规定："私人小客车合乘，也称为拼车、顺风车，按城市人民政府有关规定执行。"该《办法》亦规定了开展网约车经营服务须取得《网络预约出租汽车运输证》《网络预约出租汽车驾驶员证》。《江苏省政府办公厅关于积极稳妥推进我省出租汽车行业改革的通知》（苏政办发〔2016〕97号）第4条第3项规定："规范私人小客车合乘。城市人民政府应鼓励私人小客车合乘并规范其发展，制定相应规定，明确合乘服务提供者、合乘者及合乘信息服务平台等三方的权利和义务。不得以私人小客车合乘名义提供网约车经营服务。"由此可见，私人小客车合乘作为共享经济下的一种互助形式，与网约车经营服务有着本质区别，受到不同法律规范的调整。

本案主要涉及两个方面的问题：一是车主以顺风车的形式主动搜索订单载客营利的行为是否构成行政违法？二是案涉行政处罚是否适当？

（一）当事人行为的合法性问题

1. 当事人的行为是否符合网约车非法营运的客观要件？

有观点认为，某网络运输平台上的网约车和顺风车、拼车虽然接单方式和计价规则不尽相同，但是其统一接入到该平台，都存在一定的营运性质，并且该平台在交通运输部门已经备案，已被纳入到交通运输部门监管信息系统中，那么按照公众的一般认知，这是一个概略的行政许可。申请人在该平台上接单，可以认为其营运行为受到了行政机关的监管并且得到了许可，并非违法运营，基于保护新生事物以及考虑网约车与传统巡游出租车的区别，不宜轻易认定行政违法。

根据《指导意见》的规定，“出租汽车服务主要包括巡游、网络预约等方式”，即网约车属于出租汽车行业的一部分，受到统一监督管理。在交通运输管理中，网约车与私人小客车合乘（也称为拼车、顺风车）有着本质的区别。根据该《指导意见》第 10 条对私人小客车合乘的概念定义，交通运输部门判断二者的区别的主要依据包括：第一，出行信息的发布者不同。网络预约私人小客车合乘由合乘服务提供者（即车主）以车主自身出行需求为前提，先行发布出行信息，再由合乘者（即乘客）选择驾驶员、车辆合乘出行；网约车收费载客则是网约车驾驶员根据乘客在互联网平台公司提供的智能手机应用软件上发布的出行信息，应答接单并按照乘客意愿提供运送服务，以实际运行的里程和时间收费的行为。第二，服务的目的不同。合乘服务不以营利为目的，旨在分摊部分出行成本或免费互助；经营性客运服务则是以营利为目的。第三，对服务提供者的资质要求不同。合乘服务对服务提供者的要求门槛较低，只要取得准驾车型的机动车驾驶证的驾驶员均可提供合乘服务；网约车如果进行经营性客运活动，那么其本质是出租汽车经营的一种形式，营运车辆和驾驶员除了需要满足一定的基本条件外，还应取得网约车运输证和网约车驾驶员证。第四，频次不同。一般来说，受制于合乘服务提供者（即车主）自身出行实际需求，合乘服务每车每日合乘次数应有一定限制；经营性客运服务载客次数则上不封顶。

本案中，车主的行为系先行搜索乘客相关出行信息，且通过网络运输平台获取了超过出行成本的盈利，在其不具备网约车运输资格的情况下，其行为符合网约车非法营运的客观构成要件。

2. 当事人的行为是否符合非法营运的主观要件？

新《行政处罚法》第 23 条第 2 款规定：“当事人有证据足以证明没有主观过错的，不予行政处罚。法律、行政法规另有规定的，从其规定。”一般认为，该条款从法律上确立了行政处罚过错推定制度。本案中当事人具备开展顺风车服务的资质，其明确表示根本不知道先行搜索客户出行路线并根据平台计算收取费用的载客行为涉嫌网约车非法营运，鉴于本案发生在新《行政处罚法》生效后，在此背景下行政机关该如何评价当事人的行为？

在调研中笔者了解到，实践中执法者判断驾驶员是否违规开展网约车服务一般依据于其是否符合客观上的违法构成要件，“违法即有责”，不会专门考虑驾驶员的主观意图，因为行为人本人几乎不可能承认其主观违法意图。然而，判断网约车和私人小客车合乘的界限的核心依据并不在于客观上是否盈利，因为此操作实践中可行性不高，许多载客行为是由交通执法部门在运输过程中查获的，当时尚未完成交易；在于行为人是否以营利为目的——这也是各地顺风车管理细则的基本共识。是否以营利为目的，这恰恰是一主观概念。本案中车主自称不知其行为具备违法性，即存在违法性认识错误。参照刑法理论，目前通说一般采取限制责任说，即将违法性认识可能性作为责任要素，虽然没有认识到自己行为的违法性，但认识到具有违法性认识可能性时，就可以对其进行非难。[①] 对于行政处罚案件主观过错的审查，理论界有观点认为，重点是当事人有注意义务并且有能力预见违反行政管理秩序行为发生，如果有，那么就应当予以注意，以避免危害结果发生。否则，如果没有履行注意义务导致危害结果发生的，应当承担行政法律责任。[②] 本案发生于2021年，网约车经历了从出现—兴起—普遍存在于大中城市的发展历程，当事人作为在某网络运输平台上注册顺风车服务的车主，其对网约车管理制度具有注意义务且有获取相关知识的能力，应当预见到其行为违反出租车管理秩序，故当事人从事营运行为主观上系故意（明知违反相关管理制度而故犯）或过失（应当预见到其行为违反出租车管理秩序而违反注意义务），交通运输局对其作出行政违法的认定，并无不当。

另外，人民法院在司法审判中基于对网约车背景及其管理需要的考虑，对其态度基本可概括为“包容但审慎”，如北京市第二中级人民法院在（2017）京02行终610号行政判决书中称：“关于张某某认为其从事网约车并非出租车不应以非法从事出租汽车予以处罚的相关意见，本院认为，网约车作为社会发展中的新生事物，在便利人民群众出行，满足人民群众多元化出行需求方面具有积极作用，需要政府予以包容，以免扼杀新生事物，但对于新兴事物的包容态度，并不导致其天然的具有合法地位，其合法地位的取得，仍需各地人民政府根据实际情况，结合当地人口、交通、市政等多方面因素，因地制宜制定相应的行政法规予以规范、调整。”即对网约车违法运营依法认定的同时，鉴于其作为新生事物应当予以包容且行政相对人的行为社会危害性小，主张比较克制地对其进行行政处罚。

（二）行政处罚的合理性问题

鉴于现实中网约车情况纷繁复杂，各地缺乏明确统一的判断标准，笔者了解到，实践

① 参见彭文华、王付宝：《违法性认识错误的社会根源及其应对》，载《检察日报》2021年2月2日，第3版。

② 参见程琥：《论行政处罚过错推定的司法审查》，载《行政法学研究》2022年第3期。

中交通运输部门判断驾驶员是否以“私人小客车之名行网约车之实”时，主要有以下标准：1. 时间段内接单频次。如《北京市私人小客车合乘出行指导意见》将“驾驶员提供合乘服务每车每日不超过 2 次”作为私人小客车合乘的硬性标准。2. 周期。如实践中一些地方认为将一到三个月作为一个考察周期，如一个周期内有一两次有超出规定接单频次的，不认为其主观具有“盈利目的”。3. 接单方式。如果驾驶员在网络平台申请登记了顺风车，但本次载客未通过网络平台，一般认定其主观上具有绕过平台取得盈利的目的。4. 违法频次。如《上海市查处车辆非法客运规定》第 17 条对“以营利为目的非法客运”的查处提出了三次发现的认定标准：“未取得营业性客运证件的汽车驾驶员有收费搭载乘客行为，第一次被发现的，由交通行政执法机构予以记录，不予处罚；第二次被发现的，由交通行政执法机构予以教育并记录，不予处罚；第三次被发现的，可以认定为以营利为目的从事非法客运活动，由交通行政执法机构按照本规定第十二条第一款的规定予以处理。”本案中交通运输局因车主的一次营运行为（利润数十元）作出给予车主罚款人民币 2 万元的行政处罚决定，根据新《行政处罚法》第 33 条第 1 款规定“初次违法且危害结果轻微并及时改正的，可以不予行政处罚”，笔者认为，根据该条款，本着处罚与教育相结合的理念，如当事人系初次违法，鉴于其行为危害结果轻微，基于过罚相当原则，可以考虑不予处罚或降低处罚幅度，同时对当事人进行批评教育。

另外，在当前的共享经济模式下，关于私人小客车合乘的出行信息发布，网络运输平台并未限制车主先行搜索乘客出行信息后再行发布个人出行信息的操作。关于费用计算及收取，私人小客车合乘的费用由网络运输平台计算并直接收取。一些平台甚至未尽到审查义务，允许不具备相应资质的车主及车辆接入平台。本案中，网络运输平台亦未禁止或提示车主不可以先行搜索乘客出行信息后再行发布个人出行信息，还促成了客运双方信息匹配。行政机关以超出出行成本为由对不享有定价权的车主单独进行处罚亦不符合权责一致原则。实践中交通运输部门更多地对车主进行监督管理，而忽视对网络运输平台的监管，这在规制网约车和私人小客车运营方面，本质上治标不治本。

三、思考：新形势下如何规范网约车依法运营

尽管实践中各地在监管网约车依法运营方面积累了许多宝贵的经验，但也存在一些问题：《网络预约出租汽车经营服务管理暂行办法》作为规范网约车运营的部门规章，其设定行政处罚的权力受到限制；作为与网约车法律意义不同却经常被公民混淆且因此引发行政争议的拼车、顺风车，其功能的设置也基本上都集中于网约车运输服务平台上，然而，各地的私人小客车合乘细则中大多未对平台公司科以相应的法律责任；目前我国的网络运输平台大多数为全国通用的平台，而《网络预约出租汽车经营服务管理暂行办法》关于私人小客车合乘“按城市人民政府有关规定执行”的规定事实上搁置了顺风车的统一管理，导致相关管理规范呈现出分散式的特征，管理尺度松紧不一；行政执法中因涉案

车辆具体实际情况的不同，出行成本的计算标准难以确定，为执法部门判断其是否超出“出行成本”增加了难度；网约车、私人小客车合乘的定价权由网络运输平台掌握，以超出出行成本为由对不享有定价权的车主课以处罚有违权责统一原则。在全面推动优化营商环境新形势下，规范网约车运营管理，笔者认为，应重点从以下几方面做起：

（一）加强顶层设计，推动相关法律法规规章进一步完善细化

1. 加强对网约车平台公司的法律监管

在共享经济中，网络运输平台负责提供客运需求的信息，并完成供需双方路线信息的匹配；供需双方通过平台出具的格式协议，以平台计算的价格条款完成运输；平台则收取一定的交易分成。鉴于平台在交易中的主导作用，对网约车运营的有效监管就必然且应当包含对平台的监管和规制，如此方能提升依法治理效果。交通运输执法部门应当要将监管平台公司放在首位，依据执法标准，要求网络运输平台在驾驶员及车辆资质、出行信息发布顺序、价格设置等方面作出改进。对此，需要国家层面统一管理制度规范，抓住“牛鼻子”，堵住网约车非法营运的出口。

2. 对私人小客车合乘等新兴事物要加强顶层设计

鉴于《网络预约出租汽车经营服务管理暂行办法》搁置了对私人小客车合乘的规制，授权各地自行规范，部分城市出台了规范性文件对其进行规范管理，然而，规范性文件位阶低于法律、法规和规章，行政处罚权设定受到限制，在诉讼中可受到人民法院的合法性审查，且不同城市的规范尺度不一，该领域法律监管制度建设远远滞后于社会经济发展的需要，也不利于公民知法、懂法、守法，从长远看不利于法治社会的建设。对此，需要在国家层面制定统一的执法标准，以规范私人小客车合乘等新型运输方式。

（二）完善配套制度建设，切实增强行政监管的科学性和有效性

1. 合理确定网约车非法运营的界限

在新《行政处罚法》施行的背景下，要配套建立相关实施细则，进一步细化网约车违法运营的管理制度，根据网约车的特殊情况，对判断行政相对人行政违法的构成要件及其承担责任作出规范规定，对行政相对人轻微违法、判断行政相对人的主观要素尤其是违法性认识错误作出更为详尽的规定。对如何认定和证明行为人的主观过错，理论界有学者提出“一般的经验法则”，即以“一般人”作为参照来判断违法行为人是否存在主观过错。[①] 交通运输领域在执法中亦应当以一般的守法公民为标准，依据“一般的经验法则”合理确定网约车非法运营的界限。相关司法解释应对违法性认识错误不可避免的具体情形、违法性认识错误不可避免的证明责任作出明细规定，建议人民法院同时颁布一些违法性认识错误的指导性案例，为行政执法机关作出判断提供强有力的参考。

① 参见熊樟林：《行政处罚责任主义立场证立》，载《比较法研究》2020 年第 3 期。

2. 行政处罚决定要合理、适当

《行政处罚法》第 5 条第 2 款规定:“设定和实施行政处罚必须以事实为依据,与违法行为的事实、性质、情节以及社会危害程度相当。”因此,行政机关作出行政处罚决定,应当全面考虑违法行为的事实、性质、情节以及社会危害程度,与行为人主观过错程度和客观社会危害性相当,增强监督管理的科学性和合理性。对于网约车此类共享经济下的新事物,公权力要尽力兼顾维护法律权威和社会创新发展的需要,审慎作出经由比例原则严格审视的行政行为。

(三)强化行政执法监督,推进行政执法严格规范公正文明

在新《行政处罚法》施行后,强化相对人监督是发展行政处罚的重要方式之一。公民面对庞大的公权力机关作出的减损自身权利的决定时,其享有的陈述、申辩权等在一定程度上以权利约束权力。对于行政机关而言:

一是要尊重和保护行政相对人的陈述权、申辩权。严格行政执法程序,依法告知和保障行政相对人的陈述权和申辩权,认真对待行政相对人的陈述、申辩意见,通过陈述、申辩对拟被处罚行为的主客观要件作出合理判断,保障相对人合法权益。

二是要服务于当前社会经济发展形势,坚持目标效果导向。尽管行政立法不断趋于完善,然而,行政执法主体在事实认定、处罚依据适用、处罚决定作出等方面拥有自由裁量权,行政机关在行使自由裁量权范畴内作出的不同行政处罚决定,对具体的行政相对人会产生不同的影响,其社会效果亦有不同。在网约车监管领域,交通运输部门对于未对社会秩序造成消极影响的营运行为不应盲目作消极判断,对主观方面非故意的非法营运行为应谨慎对待。

(四)多措并举推进法治宣传教育

公民知法、懂法有助于预防行政违法行为的发生,同时亦有助于提高其对行政处罚结果的认可度和接受度。

1. 坚持处罚与教育相结合

《行政处罚法》第 33 条第 3 款规定:“对当事人的违法行为依法不予行政处罚的,行政机关应当对当事人进行教育。”此条款从制度上规定了法定不予处罚的后果,即行政机关有责任对其进行教育,这在规范网约车依法运营方面同样适用。

2. 进一步加大普法力度

加强行政处罚公开的力度,在行政处罚中以案说法,以案普法,坚决落实“谁执法谁普法”普法责任制。在行政复议和行政诉讼中,行政复议机关和人民法院在办理案件以及依法调解的过程中,加强法治宣传教育。

检察实务

个人信息保护刑事附带民事公益诉讼实证研究

——以中国裁判文书网公布的裁判文书为分析样本

陈兴生　张　扬*

摘要：个人信息保护纳入检察公益诉讼法定领域是贯彻落实习近平法治思想，推进国家治理，强化法律监督的必然要求。实践中，囿于个人信息保护案件特点及管辖等现实情况，检察机关多选择刑事附带民事公益诉讼的保护路径。为解决该领域案件的理论争议和实践困境，检察机关应在刑事诉讼和民事公益诉讼双重视角下，从实体和程序两个方面充分考量两者的区别和联系，着力完善立法机制，统一司法认识分歧，实现高效协同办理该领域刑事附带民事公益诉讼案件。

关键词：个人信息保护　刑事附带民事公益诉讼　司法实践　样本分析

近年来，检察机关积极稳妥拓展公益诉讼案件范围，办理了一批个人信息保护公益诉讼案件，尤其在办理刑事案件时附带提起民事公益诉讼，取得较好的法律和社会效果。2021年6月，中共中央印发《关于加强新时代检察机关法律监督工作的意见》，明确要求检察机关探索办理个人信息保护领域公益损害案件。同年施行的《个人信息保护法》专门设立公益诉讼条款，明确将个人信息保护纳入检察公益诉讼法定领域。作为公益诉讼新兴领域，个人信息保护刑事附带民事公益诉讼案件办理的法律依据、适用范围、诉讼请求等问题在司法实践中还存在一些认识分歧。本文采用实证研究方式，对中国裁判文书网公开的个人信息保护刑事附带民事公益诉讼裁判文书进行系统分析，剖析该领域案件的司法现状，以探求问题解决路径。

---

* 陈兴生，江苏省常州市人民检察院党组书记、检察长；张扬，江苏省常州市人民检察院第六检察部检察官。

一、个人信息保护刑事附带民事公益诉讼司法现状

本次调研选取 2019 年至 2022 年 2 月时间段,以“侵犯公民个人信息”“刑事附带民事公益诉讼”为关键词,在中国裁判文书网上检索到个人信息保护刑事附带民事公益诉讼裁判文书 136 份,其中一审文书 126 份,二审文书 10 份。笔者从实体和程序两个维度重点对法院一审裁判文书进行逐一分析,梳理汇总司法实践中存在的共性问题。

(一)刑事附带民事公益诉讼办案量占比高且规模呈渐增趋势

当前,提起刑事附带民事公益诉讼已成为检察机关办理个人信息保护公益诉讼案件的主要模式。检索的裁判文书中,个人信息保护刑事附带民事公益诉讼一审案件 126 件,占 98.44%。同期检察机关提起的单独民事公益诉讼仅 2 件,仅占 1.56%。[①]

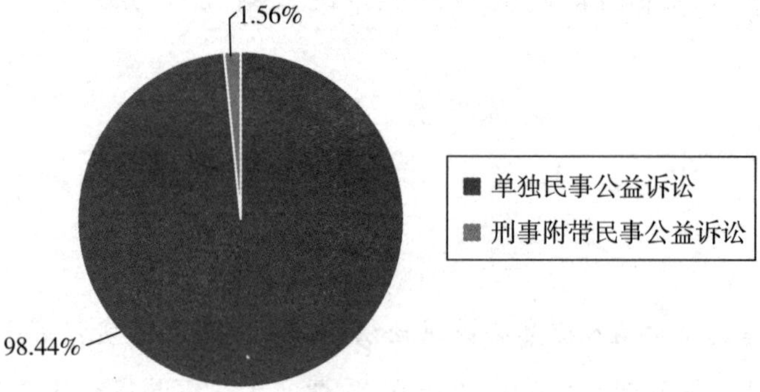

图 1　诉讼模式

办案数量也呈逐年上升态势。2019 年 6 件,2020 年 51 件,同比增长 750%;2021 年 67 件,同比增加 31.4%。

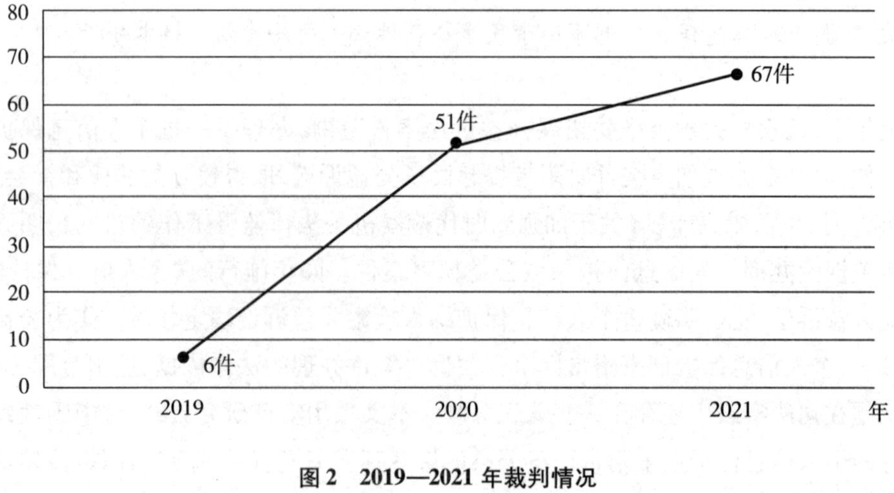

图 2　2019—2021 年裁判情况

① 虽然考虑到部分文书未公开发布,但检索到的文书样本仍能够反映出目前该领域刑事附带民事公益诉讼占较大比重的现实情形。

据中国裁判文书网显示，全国已有18个省、自治区、直辖市提起个人信息保护刑事附带民事公益诉讼，其中上海市、江苏省、广东省、湖南省、辽宁省的办理数量位于全国前列。

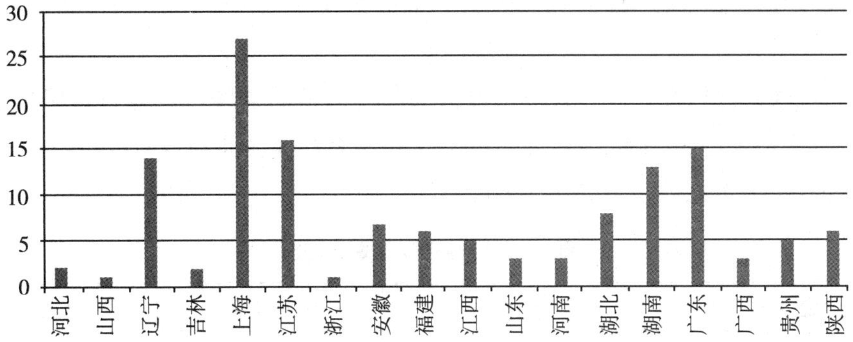

图3　裁判文书数量省域分布

（二）民事公益诉讼与刑事起诉认定事实及责任主体大多一致

在公布的126件刑事附带民事公益诉讼一审案件中，绝大多数案件附带民事部分的案件事实与刑事部分案件事实认定一致。120起案件的刑事被告人与附带民事公益诉讼被告完全一致，占95.2%，仅有6起不完全重合。其中3起有多名被告的刑事案件[①]因有被告人涉及其他罪名，检察机关仅追究了涉嫌侵犯公民个人信息罪刑事被告人的附带民事责任。还有3起案件[②]额外增加了刑事被告人以外的其他主体作为被告，均获法院判决支持。

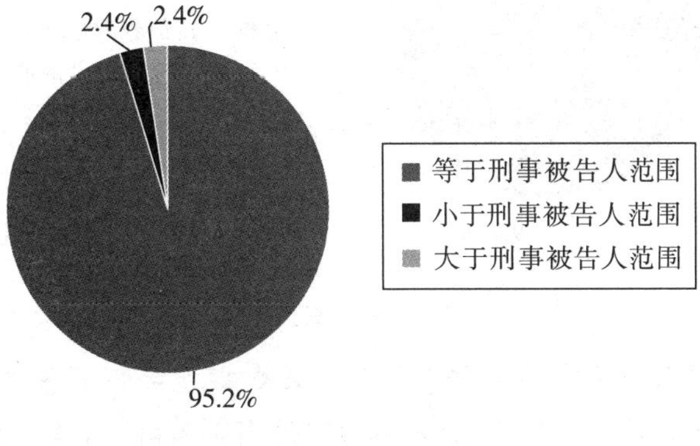

图4　附带民事公益诉讼被告情况

---

① 详见（2021）赣0191刑初23号刑事附带民事判决书；（2020）鲁1702刑初590号刑事附带民事判决书；（2020）鄂0984刑初692号刑事附带民事判决书。

② 详见（2020）沪0113刑初772号刑事判决书；（2020）吉0103刑初559号刑事附带民事判决书；（2019）沪0113刑初2482号刑事判决书。该三起案件分别追加个人信息买家、购买信息推广公司业务的职工所在单位、为个人信息交易提供平台的网络运营公司为被告追究民事责任。

（三）法院对检察机关附带公益诉讼请求判决支持率较高

在研判样本中，检察机关请求被告承担民事责任的方式主要是：赔礼道歉、停止侵害、消除危险和赔偿损失。其中，主张赔礼道歉的案件占97.2%，除一件因被告已当庭道歉法院未予支持①外，其余均获法院判决支持，判决支持率为99.2%；检察机关主张被告以删除信息，注销侵权账户、网站，委托电信部门发短信给被侵权人等方式停止侵害、消除危险的诉讼请求占52.8%，判决支持率100%；检察机关主张被告对社会公益损失予以民事赔偿的占51.9%，判决支持率为94.5%。

表1　诉讼请求判决支持情况

诉讼请求类型	数量（件）	占比（%）	判决支持率（%）
赔礼道歉	118	97.2	99.2
停止侵害、消除危险	60	52.8	100
赔偿损失	71	51.9	94.5

法院对检察机关提起个人信息刑事附带民事公益诉讼的诉讼请求全部支持率为95.7%；部分支持的约占3.48%；驳回检察机关全部诉讼请求的仅1件②，占0.87%。

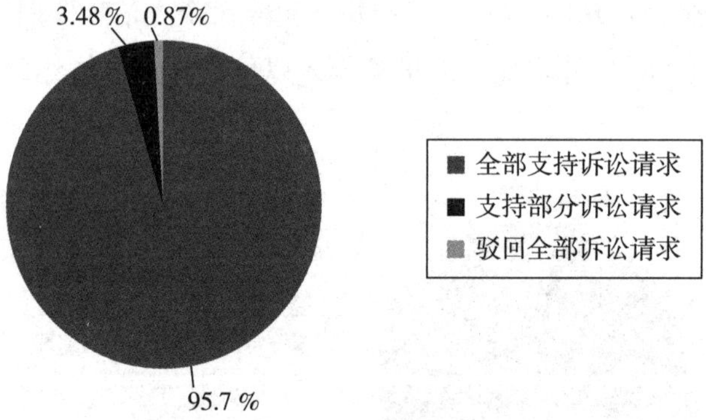

图5　判决支持率

（四）刑事附带民事公益诉讼案件多数以判决结案，少数以调解结案

根据法律及相关司法解释规定，公益诉讼案件当事人可以和解，人民法院可以调解。中国裁判文书网已公布的126件刑事附带民事一审案件中，法院在诉讼过程中判决结案106件，占84.13%；调解结案18件，占14.29%。上述调解案件均系被告自愿承担民事赔偿责任，诉中与检察机关签订调解协议案件。因被告已全部履行诉讼请求，检察机关

① 详见（2021）湘1127刑初120号刑事附带民事判决书。

② 详见（2020）黔0502刑初724号刑事附带民事判决书。本案中，被告买卖个人信息13895条，获利39664.8元。检察机关提出要求被告赔礼道歉的诉讼请求。法院认为，公益诉讼所针对的法益对象为犯罪行为所侵犯不特定公民个人隐私和财产安全，但本案中的涉案行为所侵犯的主体特定，不属于公益诉讼范畴，驳回公益诉讼请求。

予以撤诉的案件仅2件①,占1.59%。

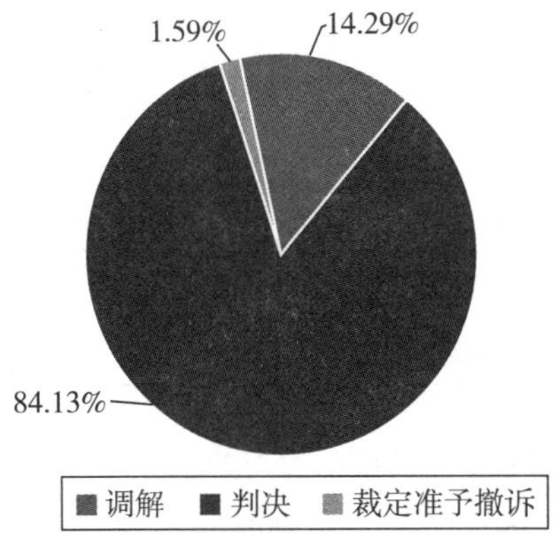

图6 法院结案方式

(五)法院审判组织组成不统一,大多适用普通程序审理案件

从合议庭成员人数来看,51起案件采用7人合议庭,占40.48%;74起案件采用3人合议庭,占58.73%;1起案件采用独任审判。②

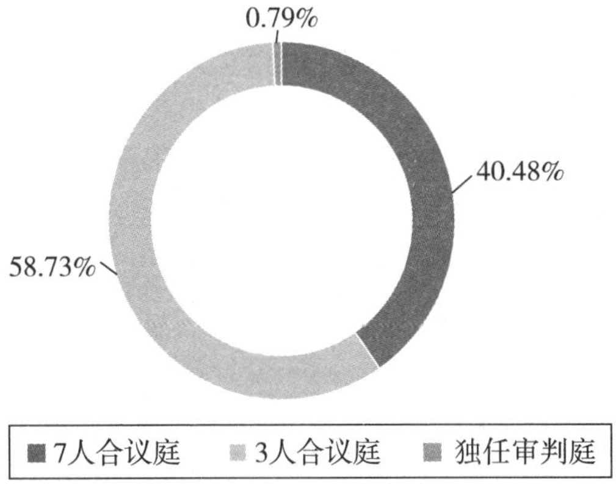

图7 审判组织情况

在研判样本中,明确注明审理程序的共120件,其中107件案件法院运用普通程序审理,占89.2%;13起案件运用简易程序审理,占10.8%。适用普通程序审理的案件中,有7起案件由简易程序转为普通程序;4起案件由速裁程序转为普通程序;1起案件由速裁程序转简易程序再转为普通程序。

① 详见(2020)鄂0506刑初154号刑事附带民事裁定书,(2018)冀0130刑初134号裁定书。
② 详见(2021)皖1102刑初41号刑事附带民事判决书。

表 2 审理程序及变更情况

审理程序及变更	数量(起)	占比(%)
简易程序	13	10.8
普通程序	95	79.2
简易程序转普通程序	7	5.83
速裁程序转普通程序	4	3.33
速裁程序转简易程序再转普通程序	1	0.8

(六)刑事附带民事公益诉讼审理期限相对较长

在 126 份研判样本中,能明确判断出审理时限的有 114 份。据统计,检察机关提起公诉后,法院 30 日内审结的案件有 19 件,占 16.7%;30 至 60 日内审结的案件有 34 件,占 29.8%;60 至 90 日内审结的案件有 27 件,占 23.7%;超过三个月审结的案件有 34 件,占 30.7%。其中 90 至 180 日内审结案件有 24 件,占 21.1%;180 至 365 日内审结案件有 10 件,占 8.8%。法院中止审查 7 件,多数未注明中止审查原因,少数注明系疫情等原因。部分案件法院延长审限,多数未注明原因,少数注明系检察机关建议延期审理等原因。①

表 3 审理期限情况

审理期限	数量(件)	占比(%)
30 日以内	19	16.7
30 - 60 日	34	29.8
60 - 90 日	27	23.7
90 - 180 日	24	21.1
180 - 365 日	10	8.8

(七)附带民事公益诉讼与刑事公诉程序大多能紧密衔接

经对注明提起公诉和公益诉讼起诉日期的 91 份裁判文书进行分析,检察机关在提起公诉的同时提起附带民事公益诉讼案件有 55 件,占 60.4%;未能同日提起附带民事公益诉讼的案件有 36 件,占 39.6%。其中,12 起案件在公诉后半个月内提起附带民事公益诉讼,占 13.2%;11 起案件在公诉后半个月至一个月内提起附带民事公益诉讼,占 12%;9 起案件在公诉一个月至两个月期间提起附带民事公益诉讼,占 9.9%;4 起案件在公诉两个月后提起附带民事公益诉讼,占 4.4%。

① 详见(2020)鲁 0782 刑初 113 号刑事判决书。

表 4　刑事公诉与附带民事公益诉讼程序衔接情况

起诉时间差	数量(件)	占比(%)
同日提起	55	60.4
半个月内	12	13.2
半个月至一个月内	11	12
一个月至两个月内	9	9.9
两个月后	4	4.4

二、个人信息刑事附带民事公益诉讼面临的质疑及困境

检察机关通过运用刑事附带民事程序,实现个人信息保护刑事案件和公益诉讼案件同步审查、同步审理,有助于节约司法成本,提高办案效率,在一个诉讼中完成对法益的全面保护。应该说,其制度效果较单独提起刑事诉讼和民事公益诉讼两个诉简单相加更具优势。但学界和实务界对刑事附带民事公益诉讼程序仍存有质疑和分歧意见。

(一)实体性问题

1. 对有无法律依据有质疑。实践中,部分法官认为,目前法律[①]仅限定在破坏生态环境和资源保护、食品药品安全、侵害英雄烈士等的姓名、肖像、名誉、荣誉三个领域提起刑事附带民事公益诉讼。法律未规定的,不应纳入刑事附带民事公益诉讼范畴。刑事诉讼法及司法解释明确规定了只有被害人因被告人的犯罪行为而遭受物质损失的,才能在刑事诉讼过程中提起附带民事诉讼。[②] 个人信息侵权案件多数未对被害人造成物质损失,因此不能提起附带民事公益诉讼。

2. 对能否在刑事被告人之外增加附带民事公益诉讼被告有质疑。侵犯公民个人信息罪属于情节犯,只有符合刑法规定的六种“情节严重”情形,才能构成犯罪。部分未达到“情节严重”标准的违法者虽然不构成犯罪,但其侵权行为损害了不特定多数人的个人信息权益,依法应当承担相应的民事责任,附带民事公益诉讼案件认定的责任主体范围就有可能超出刑事被告范围。实践中,一些地方法院尤其是刑事法官则在刑事被告人外增加附带民事公益诉讼被告持否定态度,要求检察机关另行提起单独民事公益诉讼。

3. 对能否提出损害赔偿诉求有质疑。部分学者认为个人信息只具有人权、安全和尊严等方面的人格利益,不具备法律上的财产利益。民事起诉主体只能主张合理支出费用

---

① 《最高人民法院、最高人民检察院关于检察公益诉讼案件适用法律若干问题的解释》第 20 条第 1 款规定:“人民检察院对破坏生态环境和资源保护,食品药品安全领域侵害众多消费者合法权益,侵害英雄烈士等的姓名、肖像、名誉、荣誉等损害社会公共利益的犯罪行为提起刑事公诉时,可以向人民法院一并提起附带民事公益诉讼,由人民法院同一审判组织审理。”

② 详见《刑事诉讼法》)第 101 条、《最高人民法院关于适用〈中华人民共和国刑事诉讼法〉的解释》第 175 条第 1 款、第 182 条第 3 项、第 4 项的规定。

的赔偿,如律师费、调查取证费、鉴定费、专家咨询费、交通费等必要合理支出费用。[①] 也可以主张删除、修改数据等。[②] 部分法官认为被侵权人未遭受实际物质损失的,基于民事侵权损害赔偿的填平原则,检察机关不应主张民事赔偿。还有法官认为,违法者已经承担罚金、没收违法所得等刑罚的情况下,再要求其承担民事赔偿责任属于重复处罚。研究的判例样本中,部分法院对检察机关提出的损害赔偿诉求不予支持,[③]也有部分法院进行了变通处理,让违法者承担民事赔偿责任来替代没收违法所得。[④]

4. 对是否应设置起诉标准有质疑。提起个人信息保护刑事附带民事公益诉讼,客观上增大基层法院刑事审判工作压力。部分刑事法官认为,司法政策对刑事附带民事诉讼向来严格限制。个人信息保护刑事附带民事公益诉讼案件应设置一定的起诉标准,法院也应设置立案条件,符合一定条件的个人信息保护案件,才能提起刑事附带民事公益诉讼。

5. 对赔偿款管理使用有质疑。目前各地对个人信息公益损害赔偿金的管理使用做法并不统一。多数案件赔偿金支付到财政局或财政非税专户;[⑤]有的支付给检察机关,由检察机关上缴国库;有的支付到检察机关公益诉讼专户,[⑥]由检察机关管理使用;还有部分将赔偿款支付到消费者协会专用账户;[⑦]另有少数地区检察院设立个人信息公益诉讼赔偿款专用账户,[⑧]对赔偿款实行专款专用。关于赔偿款的管理使用,目前主要需解决赔偿款管理和使用模式如何统一,被侵权人的赔偿金额如何计算,个人因信息泄露遭遇其他违法犯罪侵害遭受的财产损失可否从赔偿款中获得赔偿或补偿;赔偿款能否用于其他个人信息公益保护用途等问题。

(二)程序性问题

1. 审理程序适用问题。裁判文书样本中,八成以上刑事附带民事公益诉讼案件适用普通程序审理,较少案件适用简易程序审理。有意见认为,《刑事诉讼法》并未规定刑事附带民事公益诉讼不能适用简易程序,除属于有重大社会影响的案件外,个人信息保护

---

① 参见张新宝、赖成宇:《个人信息保护公益诉讼制度的理解与适用》,载《国家检察官学院学报》2021 年第 5 期。

② 《专访张新宝:个保法出台正当其时,未来将推动数据财产权立法》,载《南方都市报》2021 年 8 月 22 日;程啸:《论大数据时代的个人信息权利》,载《中国社会科学》2018 年第 3 期。

③ 详见(2021)黔 2627 刑初 75 号刑事附带民事判决书;(2021)粤 02 刑终 237 号刑事附带民事判决书。

④ 详见(2021)粤 0705 刑初 730 号刑事附带民事判决书;(2020)吉 0103 刑初 559 号刑事附带民事判决书;(2020)鄂 0984 刑初 183 号刑事附带民事判决书。

⑤ 详见(2021)桂 0422 刑初 13 号刑事附带民事判决书。

⑥ 详见(2021)陕 0326 刑初 76 号刑事附带民事判决书。

⑦ 详见(2021)苏 0404 刑初 459 号刑事判决书:赵某等人买卖奥迪二手车过户资料信息(含身份证、车辆行驶证信息、交易发票信息等),江苏省常州市钟楼区人民检察院提起刑事附带民事公益诉讼,诉讼中,双方达成调解协议,相关民事赔偿款支付至常州市钟楼区消费者协会账户。

⑧ 江苏省常州市人民检察院于 2021 年与该市网信办、法院会签个人信息公益诉讼协作机制,由网信办设立个人信息公益诉讼赔偿款专用账户。

刑事附带民事公益诉讼也可以适用简易程序审理。

2. 诉前公告与审理期限冲突问题。检察机关提起刑事附带民事公益诉讼,应履行诉前公告程序。检察机关刑事案件提起公诉后,为“等待”附带公益诉讼案件,法院一般通过变更审理程序、中止审查等方式延长审理期限。[①] 调研中,我们发现有些刑事案件原本采用速裁程序或简易程序审理,附带民事公益诉讼提起后,法院变更为普通程序继续审理。[②] 程序变更在一定程度上增加了法院审判的时间成本和人力成本,这也是部分法官对刑事附带民事公益诉讼产生抵触的原因之一。

3. 合议庭组成问题。公益诉讼对合议庭组成的特殊要求与基层法院案多人少的现实困难相冲突,对法院结案率带来较大影响。《人民陪审员法》规定,民事公益诉讼案件必须由人民陪审员和法官组成 7 人合议庭进行审理。《刑事诉讼法》规定,普通刑事案件只需组成 3 人合议庭即可。部分刑事法官认为只有《人民陪审员法》第 16 条第 4 项规定的“其他社会影响重大的案件”才需要采用 7 人合议庭。《最高人民法院、最高人民检察院关于检察公益诉讼案件适用法律若干问题的解释》(以下简称《公益诉讼司法解释》)中规定,人民法院在审理刑事附带民事公益诉讼案件时,由同一审判组织审理。由此引发问题:个人信息保护刑事附带民事公益诉讼应组成 3 人还是 7 人合议庭进行审理? 目前因对“同一审判组织”理解有差异,使各地在合议庭模式上做法不一。调研的裁判样本中,有采用 3 人合议庭模式的,[③]也有采用 7 人合议庭模式的,[④]还有个别案件采用了独任制审判。[⑤]

4. 上诉与抗诉期限问题。刑事诉讼法与民事诉讼法分别规定了不同的上诉与抗诉期限。从本次统计的裁判文书看,一审法院均在判决书中明确表述上诉期间为 10 日,即适用刑事诉讼法的相关规定。当事人对附带民事公益诉讼部分不服提起上诉的,上诉期限是否应当适用民事诉讼法的相关规定目前存在争议。

5. 分案起诉问题。考虑到刑事办案效率,刑检部门会对部分刑事案件作分案处理。给附带民事公益诉讼带来诸如确定被告、案件举证、列明诉讼请求等一系列困难。附带民事公益诉讼将面临不能一次性追究所有责任主体的民事责任、部分事实证据不足、多

---

① 如(2021)苏 0205 刑初 584 号刑事附带民事判决书显示,无锡市锡山区人民法院办理的李某侵犯个人信息刑事附带民事公益诉讼案,检察机关提起附带民事公益诉讼比提起公诉晚 29 天,法院在审理过程中将该案从简易程序转为普通程序审理,从提起公诉到判决耗时 105 天。

② 如(2021)苏 0214 刑初 343 号刑事判决书显示,无锡市新吴区人民法院办理的潘某等人侵犯个人信息刑事附带民事公益诉讼案,法院由原本采用速裁程序独任审理转为简易程序,后又转为普通程序组成合议庭审理,从公诉到判决耗时 88 天;再如,(2021)沪 0118 刑初 584 号刑事附带民事调解书、(2021)沪 0118 刑初 703 号刑事附带民事调解书显示,上海市青浦区人民法院办理的该 2 起侵犯个人信息刑事附带民事公益诉讼,法院在检察机关提起附带民事公益诉讼后决定将速裁程序转为普通程序审理,从提起公诉到法院判决分别耗时 103 天和 67 天。

③ 如(2021)陕 0326 刑初 76 号刑事附带民事判决书。

④ 如(2021)辽 0204 刑初 415 号刑事附带民事判决书。

⑤ 详见(2021)皖 1102 刑初 41 号刑事附带民事判决书。

个被告应当承担连带责任时诉讼请求难列、可能重复等诸多问题。

三、对理论争议和实践困境的思考

(一)检察机关提起个人信息保护刑事附带民事公益诉讼有明确的法律依据

刑事附带民事公益诉讼不同于传统保护私益的刑事附带民事诉讼,两者本质区别在于保护的法益不同。检察机关提起刑事附带民事诉讼的前提是犯罪行为致使国家财产、集体财产遭受具体的物质损失,而提起刑事附带民事公益诉讼的前提是范围比国家财产、集体财产更为宽泛的公共利益受到侵害。[①] 要求以犯罪行为造成直接确定的物质损失作为刑事附带民事公益诉讼起诉前提的观点,是未能正视刑事附带民事公益诉讼维护"社会公共利益"的性质,将"因犯罪行为"造成"社会公共利益损失"等同于传统私益刑事附带民事诉讼。

自 2017 年检察公益诉讼制度全面施行后,中央和最高人民检察院逐步拓展公益诉讼领域,法定监督范围至今经历了"4 +5"的发展过程。[②]《公益诉讼司法解释》第 20 条[③]中的"等"应当理解为"等外等",该条可作为提起个人信息保护刑事附带民事公益诉讼的法律依据。司法解释中关于"等"字的使用一般有两种情形:一是表示列举后煞尾,即"等内等";二是表示列举未尽,即"等外等"。后者主要针对确实无法列举完全,需要使用"等"字兜底的情形。最高人民检察院以往制定的司法解释中,"等"字多数是在第二种情况中使用,表示列举未尽。[④] 以英烈保护公益诉讼为例,2018 年 3 月施行的《公益诉讼司法解释》未将英烈保护作为附带民事公益诉讼范围予以列举。《英雄烈士保护法》于 2018 年 5 月施行后,英烈保护成为公益诉讼法定新领域。2020 年《公益诉讼司法解释》修订时,在第 20 条增加列举英烈保护,明确将其纳入附带民事公益诉讼法定范围。由此可知,附带民事公益诉讼范围随着法律的修订在逐步扩张。对"等"的理解应当解释为列举未尽的"等外等",系为公益诉讼领域预留足够发展空间。因此,随着《个人信息保护

---

① 2016 年 1 月最高人民检察院法律政策研究室主任万春在第八批指导性案例(检例第 28 号至第 32 号)新闻发布会上指出,检察民事公益诉讼和刑事附带民事诉讼在以下三方面有本质区别:(1)涉案范围不同。检察院提起刑事附带民事诉讼的前提是犯罪行为致使国家财产、集体财产遭受具体的物质损失;检察院提起民事公益诉讼的前提是范围比国家财产、集体财产更为宽泛的公共利益受到侵害。(2)涉及领域不同。检察民事公益诉讼的领域具有特定性,而检察院提起刑事附带民事诉讼则没有领域的限制。(3)诉讼前提不同。刑事附带民事诉讼以犯罪行为发生且提起公诉为前提,而检察院提起民事公益诉讼以没有适格主体或适格主体不起诉为前提。

② 公益诉讼检察法定监督范围"4 +5"发展过程指:2017 年《民事诉讼法》、《行政诉讼法》修订时确定四个领域:生态环境和资源保护、食品药品安全、国有财产保护和国有土地使用权出让。2018 年后相关法律制定、修改,进一步增加了五个领域:英烈权益保护、未成年人保护、军人荣誉名誉权益保障、安全生产和个人信息保护。

③ 《公益诉讼司法解释》第 20 条第 1 款规定,人民检察院对破坏生态环境和资源保护,食品药品安全领域侵害众多消费者合法权益,侵害英雄烈士等的姓名、肖像、名誉、荣誉等损害社会公共利益的犯罪行为提起刑事公诉时,可以向人民法院一并提起附带民事公益诉讼。

④ 详见 2020 年 8 月最高人民检察院对全国人大代表刘华《关于在法律法规、司法解释中进一步规范使用"等"字的建议》作出《最高人民检察院对十三届全国人大三次会议第 1808 号建议的答复》。

法》的出台,个人信息保护理应纳入附带民事公益诉讼范围。

（二）检察机关在个人信息保护刑事附带民事公益诉讼中可以提出损害赔偿的诉讼请求

1. 个人信息权既包含人格利益也包含财产利益。伴随数字经济时代的到来,个人信息逐渐承载可以用金钱来衡量的价值。个人信息权已经突破传统人格权只具备人格权益的属性,其包含的经济价值逐步被社会认同,保护手段也从传统的人格权保护方式向损害赔偿等财产型保护手段转变。2013 年修订的《消费者权益保护法》首次以立法的形式认可个人信息侵权可以主张金钱赔偿。[①]《个人信息保护法》第 69 条更是直接规定了个人信息侵权的民事赔偿责任。[②]

2. 附带公益诉讼主张的民事赔偿不属于重复处罚。判处罚金是对违法行为人的惩罚和制裁,没收违法所得是没收被告人因犯罪行为而获得的非法利益,两者属于刑事责任范畴。民事损害赔偿则是对社会公益所受损害的补救和填平,属于民事责任范畴。非法买卖公民个人信息案件的买卖双方行为均违法,没收违法所得的款项并非来自被害人,没收的款项和罚金也并非退给被害人,而是全部上缴国库。在刑事程序中,被侵权人的民事权利难以保障。提起附带民事公益诉讼主张民事赔偿,不特定被侵权人因个人信息被侵犯而遭受的财产利益损失才可能得到补偿,公共利益损失才可能被弥补。

3. 刑事追诉不足以实现保护公益目的时,应当提出附带民事公益诉讼。当刑事追诉不足以实现保护公益目的,或者该违法犯罪行为造成的侵害结果及危险难以量化并可能继续扩大的,可以在人大的监督和法院的支持下,通过民事公益诉讼合理确定其公益修复责任。[③] 实践中,有些个人信息侵权案件涉及个人信息数量巨大,侵权者获利金额不高,受害人却因此遭受巨额财产损失。法院判处的罚金和没收违法所得不足以满足后期消除个人信息传播风险等公益修复所需费用。检察机关可提起附带民事公益诉讼诉请民事赔偿,运用灵活的民事诉讼手段来为被侵权人挽回损失及填补公益损失。

（三）法院审判组织和审理程序可根据办案需要灵活适用

附带民事公益诉讼本质上是检察机关提起的民事公益诉讼,并非独立而特殊的检察

---

① 《消费者权益保护法》第 50 条规定:"经营者侵害消费者的人格尊严、侵犯消费者人身自由或者侵害消费者个人信息依法得到保护的权利的,应当停止侵害、恢复名誉、消除影响、赔礼道歉,并赔偿损失。"

② 《个人信息保护法》第 69 条规定:"处理个人信息侵害个人信息权益造成损害,个人信息处理者不能证明自己没有过错的,应当承担损害赔偿等侵权责任。前款规定的损害赔偿责任按照个人因此受到的损失或者个人信息处理者因此获得的利益确定;个人因此受到的损失和个人信息处理者因此获得的利益难以确定的,根据实际情况确定赔偿数额。"

③ 最高人民检察院第八检察厅于 2021 年 11 月 1 日在《关于对甘肃省人民检察院第八检察部有关个人信息公益诉讼案件相关问题请示的答复意见》第 4 点提到,依据《民法典》第 187 条之规定,承担行政责任或者刑事责任不影响承担民事责任。但如果行政处罚、刑事追诉能够追偿修复受损公益所需费用,并追缴违法犯罪所得,则不必另行提起民事公益诉讼主张民事赔偿。当行政处罚、刑事追诉不足以实现保护公益之目的,或者该违法犯罪行为造成的侵害结果及危险难以量化并可能继续扩大的,可以在人大的监督和法院的支持下,通过民事公益诉讼合理确定其公益修复责任,同时需兼顾其执行能力,保障监督效果。

公益诉讼类别,应适用《人民陪审员法》关于七人合议庭的规定。最高人民法院印发的《公益诉讼文书样式(试行)》中,一审刑事附带民事判决书样式已列明刑事附带民事公益诉讼案件的审判组织为七人合议庭。但司法实践中,采用三人合议庭审判刑事附带民事公益诉讼案件的现象较为普遍。考虑到诉讼经济原则和基层法院现实的办案压力,建议可适度放宽标准,采用三人合议庭模式审理。但涉及重大社会公共利益保护的,则必须组成七人合议庭审理。

《刑事诉讼法》规定适用普通程序应当组成三人或七人合议庭审理;适用简易程序既可以独任审判,也可以组成合议庭进行审判,有重大社会影响的案件不适用简易程序。据此,不具有重大社会影响的刑事附带民事公益诉讼案件也可以组成三人合议庭适用简易程序审理。此外,《刑事诉讼法》明确规定速裁程序由审判员一人独任审判,当然应排除适用于刑事附带民事公益诉讼案件的审理。

四、完善个人信息保护刑事附带民事公益诉讼制度的几点建议

(一)修改配套司法解释,统一司法认识分歧

检察机关和审判机关对于个人信息保护刑事附带民事公益诉讼法律理解和适用上的差异,很大程度上来源于法律顶层设计缺陷。要进一步修改完善《民事诉讼法》《刑事诉讼法》等相关法律及司法解释,明确附带公益诉讼制度在公益保护体系中的重要地位。通过充分调研,制定出台《个人信息保护法》配套司法解释,明确刑事附带民事公益诉讼具体适用标准和条件,对个人信息公益损害的认定、民事责任的承担方式等作细化规定。在立法修订前,各级检察机关可加强与法院的沟通协调,争取尽快达成一致意见,制定具体办案规则,解决实践操作问题。

(二)明确程序适用范围,高效协同办理刑事附带民事案件

刑事附带民事公益诉讼程序对公益诉讼检察和刑事检察的协同性要求较高。当前,采用单独民事公益诉讼还是刑事附带民事公益诉讼程序并无明确标准。检察机关选择公益诉讼起诉模式具有较大自主权,但确实并非所有案件都适合搭刑事案件的“便车”。建议适用个人信息保护刑事附带民事公益诉讼程序应把握“四个要素”:一是公益要素。如果该行为侵犯的是特定受害人或受害人数量有限,没有达到危害社会公共利益的程度,则不宜提起附带民事公益诉讼。二是时间要素。建议附带民事公益诉讼至迟在刑事案件开庭审理前提起,如因诉前公告等原因可能耽误刑事案件审理的,则不宜提起附带民事公益诉讼。① 三是责任主体要素。对责任主体较复杂的案件,如共同犯罪中还有同

---

① 《最高人民法院、最高人民检察院关于人民检察院提起刑事附带民事公益诉讼应否履行诉前公告程序问题的批复》中规定,因人民检察院履行诉前公告程序,可能影响相关刑事案件审理期限的,人民检察院可以另行提起民事公益诉讼。

案犯尚未移送审查起诉的，或还有部分责任主体不属于刑事被告人的情形等，不宜提起刑事附带民事公益诉讼。虽然最高人民检察院有典型案例显示个人信息保护刑事附带民事公益诉讼被告可不囿于刑事被告人范围，[①]但考虑到刑事诉讼与公益诉讼构造和流程差异，对于责任主体复杂的案件，还需与法院进行充分沟通后决定是否提起刑事附带民事事公益诉讼。四是事实要素。对于因刑事证明标准和民事证明标准不同，导致公益诉讼案件部分事实如涉案信息条数、获利金额、损害后果等与刑事部分认定存在差异的情形，不宜提起刑事附带民事公益诉讼。

（三）建立赔偿金专用账户，规范管理使用

1. 设立个人信息公益诉讼赔偿专用账户。如果将赔偿金缴纳到国家机关账户上缴国库，赔偿金则可能异化为罚金、行政罚款，无法用于公益保护，有悖赔偿金补偿性功能的价值考量；如果将个人信息侵权赔偿款与消协公益诉讼专户等其他领域的公益诉讼赔偿专户混合管理，易给赔偿金的后续使用带来不便。可以探索设立个人信息公益诉讼赔偿专项账户，将赔偿义务人主动缴纳或者按照磋商达成的赔偿协议、法院生效裁判、调解书、司法确认书等缴纳的赔偿资金，纳入专项资金账户管理，对赔偿金入账、支出、印鉴、账务、用途等均予以规范，实行赔偿金专项有效利用，填补个人信息公益损害。

2. 明确赔偿金的发放使用范围。与破坏环境等公益诉讼有专业鉴定评估机构或专家对公益损害进行评估鉴定不同，个人信息保护领域缺乏专业机构和专业人员对个人信息侵权损失进行量化分析。现有判例大多依据《民法典》规定，按照侵权人获利计算损害赔偿金额。如果被侵权人有证据证明因个人信息侵权造成直接损失[②]的，可以依申请将赔偿金赔付到个人。此外，赔偿金还可专项用于公民个人信息保护公益事业，如大数据网络平台、手机 App 的监管等。

3. 探索建立个人信息侵权间接损害补偿制度。对被侵权人因犯罪分子利用个人信息实施电信诈骗、消费欺诈等违法犯罪行为而遭受间接财产损失的，由于发生了因果关系中断，被侵权人无法直接因个人信息侵权获得赔偿。建议在现有的司法救济中增加个人信息侵权间接损害的补偿制度，可用赔偿金专用账户资金来补偿或救济因个人信息泄露或被滥用而造成重大损失或困扰的个人。

---

① 最高人民检察院于 2021 年 4 月发布的典型案例“上海市宝山区人民检察院诉 H 科技有限公司、韩某某等人侵犯公民个人信息刑事附带民事公益诉讼案”。

② 对“直接损失”的把握，一是侵害个人信息直接造成个人财产权等具体权利侵害；二是根据《最高人民法院关于审理利用信息网络侵害人身权益民事纠纷案件适用法律若干问题的规定》第 12 条中规定，“被侵权人为制止侵权行为所支付的合理开支，可以认定为民法典第 1182 条规定的财产损失。合理开支包括被侵权人或者委托代理人对侵权行为进行调查、取证的合理费用”。

破坏电力设备案件司法认定的关键问题

臧雪青　姚　婕*

摘要:在破坏电力设备案件的办理中,存在关于危害公共安全理解不一,破坏电力设备罪是抽象危险犯还是具体危险犯,该罪与盗窃罪罪名竞合适用不一等问题。公共安全是指不特定或者多数人的生命、健康和财产的安全及公众生活的平稳与安定,破坏电力设备罪是结合具体实施行为进行判断的具体危险犯,当盗窃罪与破坏电力设备罪罪名竞合时,需要根据客观事实和因果关系,结合行为人的主观故意判断具体罪名。

关键词:破坏电力设备　司法认定　危害公共安全　具体危险犯

一、问题的提出

为维护公共安全,依法惩治破坏电力设备等犯罪,2007 年 8 月最高人民法院发布了《关于审理破坏电力设备刑事案件具体应用法律若干问题的解释》(以下简称《解释》),出台此项解释的背景是当时我国电力设备大量遭受破坏,犯罪活动十分猖獗,不仅给电力企业造成了巨大损失,而且直接危害电力供应的安全,扰乱了人民群众正常生产生活,社会危害较大。[①] 可以看出在此期间,破坏电力设备是多发、常见犯罪。出台《解释》,也是为了就司法实践中审理破坏电力设备犯罪相关法律适用问题进行明确,从而更好地指导案件办理。梳理发现,江苏省 2012 年以来办理的破坏电力设备案件共计 215 件 324 人,该类案件总体呈现下降的趋势。(见下图)

---

* 臧雪青,江苏省淮安市淮安区人民检察院党组书记、检察长;姚婕,江苏省淮安市淮安区人民检察院第一检察部副主任。

① 参见李洪江:《〈关于审理破坏电力设备刑事案件具体应用法律若干问题的解释〉的理解与适用》,载《人民司法(应用)》2007 年第 23 期。

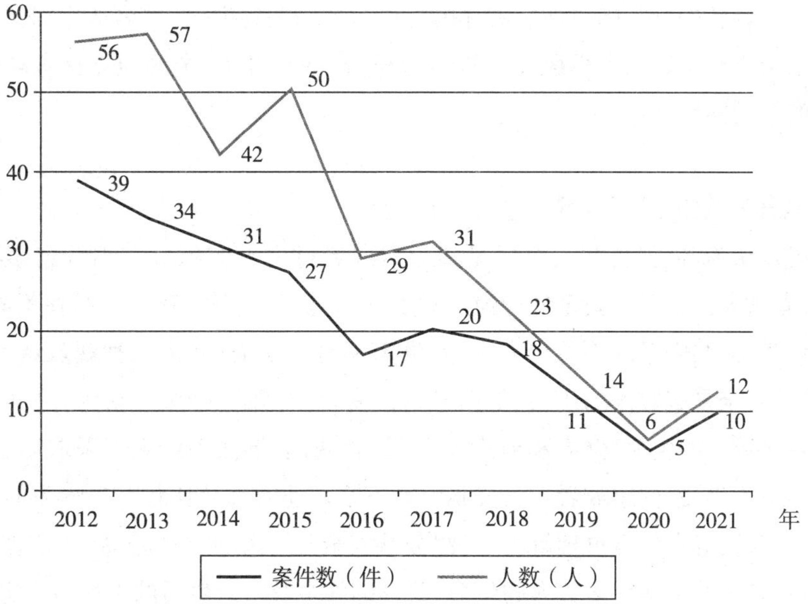

导致破坏电力设备罪案件的下降的原因，一方面是随着社会经济的快速发展，2007年《解释》的部分规定已明显滞后于社会发展实际，无法满足司法实践的需要，反映出司法解释的供给不足；另一方面是破坏电力设备罪属于危害公共安全类的犯罪，法定刑的起点刑比普通刑事犯罪要高，因此在认定时更加慎重。尤其是为了求财而盗窃电力设备的行为，有的认为足以危害公共安全，以破坏电力设备定罪，处三年以上有期徒刑；有的认为不足以危害公共安全，以盗窃罪定罪，一般是判处三年以下有期徒刑。如李某盗窃路灯电缆案，[①]犯罪嫌疑人李某在一个月内至三处地点九次盗窃路灯电缆线，其中前三次盗窃的均为景观路灯的电缆线，因不涉及危害公共安全，故认定盗窃罪，但后两处的盗窃路灯电缆的地点，则分别是省道匝道以及城市连接线的桥梁，李某都是先关闭路灯，后剪断路灯电缆线。对于后两处的盗窃行为，司法实践中，一种观点认为，案发地点经过的货车居多，机动车与非机动车混行，在路灯关闭后，路段基本漆黑一片，存在较大安全隐患，在一定程度上影响到不特定或者多数人的生命、健康和重大公私财产安全，属于危害公共安全，适宜认定为破坏电力设备罪。另一种观点认为，李某的作案时间都是后半夜，客观上车辆经过较少，且当时属于疫情期间，车辆更少，后半夜造成交通事故的概率低，李某盗窃的六次时间段里实际也未发生一起事故，天亮之后路灯公司立即维修路灯，没有危及公共安全，适宜认定盗窃罪。

此类案件在司法认定中的分歧，主要集中于以下三点：一是司法实践中对于“危害公共安全”的把握不一；二是对破坏电力设备罪是抽象危险犯还是具体危险犯存在争议；三

---

① 参见江苏省淮安市淮安区人民检察院淮检刑诉(2022)147号起诉书。

是当破坏电力设备的行为同时涉嫌破坏电力设备罪与盗窃罪时,罪名适用司法认定上并不一致。下文将对上述三个问题逐一进行分析,以期更客观、全面地把握破坏电力设备案件定罪的关键问题。

二、"危害公共安全"的认定

传统观点认为,危害公共安全罪是指故意或者过失地实施危害不特定多数人的生命、健康或者重大公私财产安全的行为。对于"公共安全"理解,理论上存在不同观点:第一种观点认为,公共安全即不特定人生命、健康和财产安全。① 第二种观点认为,不问是否特定,公共安全是多数人的生命、健康和财产安全。② 第三种观点认为,公共安全是指不特定或者多数人的生命、健康和财产安全。③ 在我国,刑法理论大多采取第三种观点,即不特定多数人生命、健康或者重大公私财产安全。还有部分比较有影响力的观点将社会生产、广大人民群众生活也理解为一种"公共安全"。④ 第四种观点认为,危害公共安全罪保护法益,是不特定或者多数人的生命、身体的安全及公众生活的平稳与安定。⑤

公共安全中的公共性,应理解为不特定或者多数人,因为危害公共安全罪,是以危害公众的生命、健康等为内容的犯罪,应注重的是行为对"公众"利益的侵犯,公众也就意味着多数人,换言之,多数是公共性概念的核心。然而,如果不特定,则意味着可能随时转向"多数"发展的现实可能性,会导致多数人遭受危害和侵害。"安全"是指不特定或者多数人的生命、健康、重大公私财产安全和社会生活的平稳与安定。当今社会,人们对于生活安定的需求越来越高,如果某种行为使多数人不能使用网络,不能使用电话,就会使公众生活陷入混乱。

破坏电力设备的行为对象是正在使用中的电力设备。电力设备是指用于发电、供电、输电、变电的各种设备,包括火力发电厂的热力设备,水力发电站的水轮机和水力建筑物,供电系统的设备,如变压器、高压线路、电力电缆等。具体可以参照国务院颁布的《电力设施保护条例》的规定,确定电力设备的范围。2007 年《解释》第 4 条规定:"本解释所称电力设备,是指处于运行、应急等使用中的电力设备;已经通电使用,只是枯水季节或电力不足等原因暂停使用的电力设备;已经交付使用但尚未通电的电力设备。不包括尚未安装完毕,或者已经安装完毕但尚未交付使用的电力设备。"但是,在司法实践中,多数司法人员对于何为刑法中的电力设备普遍感到困惑,如电缆线是否属于电力设备,有的观点认为电缆线是输电的一部分,应当认定为电力设备,也有的观点认为电缆线不

---

① 参见赵秉志:《刑法新教程》,中国人民大学出版社 2001 年版,第 467 页。
② 参见阮齐林:《刑法学》,中国政法大学出版社 2008 年版,第 385 页。
③ 参见周光权:《刑法各论》,中国人民大学出版社 2008 年版,第 161 页。
④ 参见陈兴良:《罪名指南》(上),中国人民大学出版社 2008 年版,第 125 页。
⑤ 参见张明楷:《刑法学》,法律出版社 2016 年版,第 689 页。

是输电的核心部件，不应认定为电力设备，只有典型的供电、输电、变电的设备才能认定为电力设备，如变压器。

从法律规定来看，电力设备的范围比较广泛，从社会生产到个人生活都有所涉及，再加上破坏电力设备的手段多种多样，在认定本罪时就更需要把握其危害公共安全的实质。首先，用电是民生的根本，基本覆盖人们生活的方方面面，同时随着现代社会的发展，人们的生活方式很大程度上已经离不开电力，电力公共安全当然是公共安全的重要组成部分。其次，正在使用中的电路或者电力，也会涉及交通公共安全，如路灯的照明，尤其是在夜间，更是关系到道路安全、行车安全，这里也涉及不特定或者多数人的生命、健康以及重大公私财产的安全。易言之，对于破坏电力设备罪中公共安全的界定，不能仅仅从发电、输电、供电等方面考虑电力公共安全，更应该着眼于实际生活，公共安全还涉及道路交通安全等多方面，对于公共安全的实质应该有更深刻的理解与把握。最后，公共安全包括社会生活的平稳与安定，那么对于公共安全更应全面客观地理解。

三、破坏电力设备罪是具体危险犯

（一）具体危险犯的认定

危险犯分为抽象危险犯和具体危险犯。所谓抽象危险犯，是指只要行为人实施了可能发生结果的行为，即实施我国刑法分则条文规定的某种行为，不需要结合具体实施行为的情况就可以判断具有产生某种后果的危险。具体危险犯是指行为人的行为是否足以造成某种后果的危险，需要根据具体实施行为，以及案件当时的具体情况进行判断的犯罪。张明楷教授认为，具体危险犯中的危险，是在司法上以行为当时的具体情况为根据，认定行为具有发生侵害结果的紧迫（高度）危险。① 具体到司法实践中，需要通过对具体行为手段、发生地点、使用工具、破坏的程度以及其他状况的考察推断行为可能引发的危害结果。

区分抽象危险犯与具体危险犯时，主要考虑以下两个因素：一是危险是否属于行为之外的独立构成要件要素，如果属于，系具体危险犯，反之则是抽象危险犯；二是危险的存在与否，是需要由司法者根据个案事实进行具体的判断，还是立法者基于对相关类型化行为的一般判断作出推定，具体危险需要司法者进行个别化判断，抽象危险犯仅需立法者进行类型化判断。本文认为，破坏电力设备罪是具体危险犯，理由如下：一是《刑法》第118条在规定破坏电力设备的实行行为之后还专门规定了危害公共安全的要件。二是并非任何破坏电力设备的行为都会造成公共危险，而是要结合案件情况具体分析。如《解释》第3条第2款规定："盗窃电力设备，没有危及公共安全，但应当追究刑事责任的，

---

① 参见张明楷：《刑法学》，法律出版社2016年版，第167页。

可以根据案件的不同情况,按照盗窃罪等犯罪处理。”由此可知,如果仅仅使用破坏性手段盗窃电力设备,未必能够构成破坏电力设备罪,这里特别强调了没有危及公共安全的情形,可见是否构成此罪还需要根据具体案件情况进行判断是否危及公共安全。一般认为,如果盗割的是正在使用中高压输电线的备用线,或者医疗、交通、抢险、生产、养殖等领域正在使用中电线往往会危害公共安全,而对于一般生活用电、景观照明灯电线则要根据其损害的范围及时间,以及是否造成了严重后果而定。因此,司法实践中在没有相关证据直接证明其对公共安全造成实际损害的情况下,更多的是通过所偷窃电力设备的地点和用途来判断其对于公共安全的危害程度。因此,可以判断破坏电力设备罪应属具体危险犯。

(二)定罪时对危险的具体判断

破坏电力设备罪定罪时考虑是对不特定或者多数人生命、健康、重大公私财产的安全以及社会生活的平稳与安定造成危险。那么破坏电力设备是否危害到公共安全就涉及危险性的判断,应该综合考虑以下两点:一是行为本身的危险性,二是行为所造成的危险状态。

首先,判断行为本身是否具有危害公共安全的危险性。在司法实践中,认定行为人的行为是否足以危害公共安全,应当坚持客观标准,必须根据破坏的具体对象、具体部位,破坏的方法,以及实施行为的时间、地点、环境等具体客观因素进行判断,排除行为人的主观因素,需要判断的是行为本身的危险是否客观存在,即使行为人认为自己的行为不会产生危害公共安全的危险,但是只要这种危险是客观存在的,那么其行为还是有可能被认定为犯罪,反之亦然。如果行为本身没有危害公共安全的危险性,那么也就不存在其所造成的危险状态;如果行为本身有危险性,在判断行为本身危险性的基础上再来判断行为是否造成了危险状态。

其次,判断危害公共安全的危险发生的可能性。危害的结果发生具有现实可能性,是危险状态发展的自然进程,一般来说,危险状态的存在势必导致危害结果的发生,只是由于中间介入某种不特定、偶然的因素,才阻断了危险状态发展成实害结果,这种危险状态应该视为危害到了公共安全。如以下案例所述:张某在地铁站附近盗窃三轨电缆线 50 米,经鉴定,价值 7000 元。电缆线的用途是用于电站给三轨送电,因为地铁的供电系统为双边供电,单边无法供电后,另一边会及时补给,不会影响供电系统正常运行,也不会影响到运营。因此张某的行为虽然实施了破坏电力设备的行为,但是不存在危害公共安全的现实可能性,故不能认定破坏电力设备罪,只构成盗窃罪。

四、破坏电力设备罪与盗窃罪的罪名适用

破坏电力设备罪,是指故意破坏正在使用中的电力设备,足以危害公共安全,尚未造成严重后果或者已经造成严重后果的行为。盗窃罪,是指以非法占有为目的,窃取他人

占有的数额较大的财物，或者多次盗窃、入户盗窃、携带凶器盗窃、扒窃的行为。[①] 两者的主要区别如下：一是侵犯的法益不同，前者侵犯的是公共安全，后者侵犯的是财产所有权及其他本权。二是犯罪的对象不同，前者的犯罪对象只能是电力设备，后者的犯罪对象可以是他人占有的各种财物。三是犯罪的客观方面不同，前者表现为破坏电力设备，危害公共安全，既可以是积极的作为方式，也可以是消极的不作为方式，后者表现为窃取他人占有的财物，只能是作为的方式。四是犯罪的主观方面不同，前者既可以是直接故意，也可以是间接故意，后者只能是直接故意，且具有非法占有的目的。

司法实践中，涉及破坏电力设备的行为情况往往比较复杂，许多情况下并不是单纯破坏电力设备的行为。因为实践中大量出现的是以盗窃电力设备为目的，但采取的手段、行为方式同时又破坏了电力设备。下面结合具体案例进行分析。

（一）盗窃电力设备危害公共安全，不构成盗窃罪，构成破坏电力设备罪

这种情形主要是发生在盗窃电力设备，其行为危害了公共安全，符合破坏电力设备罪的构成要件，但是盗窃的电力设备经鉴定后价值较低，尚未达到盗窃罪数额较大的标准。此时，该行为不构成盗窃罪，应当构成破坏电力设备罪。如孙某破坏电力设备案，孙某伙同宋某至案发地点，用钢锯锯断桥北侧正在使用中的电缆线共计 47.8 米，造成该路段北侧路灯断电，次日下午被修复，影响道路安全交通安全，未造成严重后果。经鉴定，涉案电缆价值人民币 1934 元。后法院以破坏电力设备罪定罪处罚。[②] 该案中孙某的盗窃金额尚未达到数额较大（该省盗窃罪的数额较大标准为 2000 元），如果从盗窃罪考虑，是不构成犯罪的。但是该案从危害公共安全的角度进行考量，孙某所偷电缆线是路灯电缆线，造成路灯无法正常工作，其所在路段是国道，结合当时案发时间为 12 月，即冬天，此时的天气白昼变短，黑夜变长，同时国道车流大，夜晚在此路段驾车经过，没有路灯照明，存在一定的危险性，危及不特定或者多数人的生命、健康以及重大公私财产的安全。

（二）盗窃电力设备，同时构成盗窃罪和破坏电力设备罪，择一重定罪处罚

此种情形下盗窃电力设备，盗窃数额达到了盗窃罪的数额标准，构成盗窃罪，同时该行为又危害了公共安全，也构成破坏电力设备罪的，此时，应当按照择一重处罚的原则，即依照刑法处罚较重的规定定罪处罚。如胡某破坏电力设备案，胡某冒充维修工进入某市某小区居民已经入住使用的住宅楼，用自有施工钥匙打开管道井门并用螺丝刀打开线路保护盖后，采用剪断电线并抽离的手段，将居民楼管道井内部分正在使用的接地电线盗走，破坏了该居民楼电力设备，危害居民的生命财产安全，尚未造成严重后果。经鉴定，涉案电缆线价值人民币 2032 元。[③] 该案中，涉案居民楼电表箱内的接地线属于维护

---

① 参见张明楷：《刑法学》，法律出版社 2016 年版，第 939 页。

② 参见江苏省常州市武进区人民法院（2021）苏 0412 刑初 1207 号刑事判决书。

③ 参见江苏省南通市崇川区人民法院（2019）苏 0602 刑初 661 号刑事判决书。

供电安全的附属设施,破坏该附属设施足以危及电力安全,因此该部分接地线应当属于刑法意义上的电力设备。胡某盗窃的是使用中的电表箱接地线,破坏了电力附属设施,导致居民楼内电器失去接地保护,有引发灾害、造成人员伤亡的可能,危及不特定的人身、财产安全,胡某的行为同时构成盗窃罪与破坏电力设备罪,择一重处理应当认定为破坏电力设备罪。但是,司法实践中也存在盗窃的电力设备,经鉴定,盗窃数额巨大。如张某等人破坏电力设备案,张某伙同王某、谢某等人采用偷变压器压嘴断电的手段,先后在多个乡镇,盗窃正在使用中的变压器或者控制柜上的电缆线、电机 12 起,经鉴定,涉案财物价值人民币 59000 余元。法院以破坏电力设备罪对张某定罪处罚。① 在此种情况下,一种观点认为,在主刑相同的情况下比较附加刑的轻重,依照盗窃罪定罪处罚还要并处罚金,因此盗窃罪相对更重;另一种观点则认为,通过比较两种犯罪的社会危害性及犯罪行为本身的性质来确定罪名的轻重。因为如果认同第一种观点,这里会出现一个问题,破坏电力设备罪属于危害公共安全的犯罪,而盗窃罪是一般的侵犯财产的犯罪,当行为同时构成这两个罪名时,在同等条件下,破坏电力设备罪危害到公共安全,与一般的侵犯财产的盗窃罪相比,其社会危害性更大,犯罪性质更重。上述竞合的情况却要定盗窃罪,在法理上解释不通,也违背了立法的初衷。笔者同意第二种观点。破坏电力设备罪属于危害公共安全的犯罪,其所侵犯的犯罪客体不仅包括财产权,而且涵盖不特定或者多数人的人身、财产权利,无疑其罪责更重,依照罪责刑相适应的原理,应当以破坏电力设备罪追究刑事责任。此外,破坏电力设备罪是危险犯,只要实施了行为,不论犯罪数额多少,是否出现危害结果都应当依法追究刑事责任。因此,刑法对于破坏电力设备的行为的制裁一般比盗窃行为严厉。除非能够证明盗窃的行为没有对公共安全造成危害,否则当破坏电力设备罪与盗窃罪发生竞合时,如果相对应的法定刑幅度相当,还是应当以破坏电力设备罪依法追究其刑事责任。

(三)盗窃电力设备,没有危及公共安全,应当追究刑事责任的,按照盗窃罪定罪处罚

此种情形下盗窃电力设备没有危及公共安全,不能以破坏电力设备罪定罪处罚,盗窃数额达到盗窃罪标准,应以盗窃罪定罪处罚。如叶某盗窃案,叶某先后采取钳剪的方式盗窃某新建安置小区三色民用电线 2509.2 米。经鉴定,涉案民用电线价值人民币 12512 元。法院以盗窃罪对叶某定罪处罚。② 该案中,案发时该小区尚未投入使用,没有居民入住,叶某盗窃的电线,没有危及公共安全的可能,但是盗窃的数额已经达到定罪标准,应当追究刑事责任,以盗窃罪定罪处罚。

综上所述,准确认定破坏电力设备罪,需要从以下两个方面去把握:

一是行为人的行为客观上足以危害公共安全。一方面,根据客观事实进行判断。对

---

① 参见江苏省徐州市贾汪区人民法院(2015)贾刑初字第 150 号刑事判决书。

② 江苏省淮安经济技术开发区人民法院(2020)苏 0891 刑初 229 号刑事判决书。

于具体危险犯而言,危险乃是作为一个独立的构成要件而存在,并且需要在司法实践中根据具体的案件情况进行认定。是否存在具体危险,应当采取一般人的标准,立足于行为当时的具体情况。判断行为所造成的危险在客观上是否已经处于逼近实现的阶段或者状态。破坏电力设备行为并不是已经实施即可认定足以危害公共安全,而是要结合破坏的电力设备是否已经交付,是否正在通电使用,电力设备的地理位置,电力设备被破坏的具体部位,电力设备被破坏后的维修及时性等方面考察。这里需要指出的是,司法实践中一些侦查机关现场勘查笔录过于简单,不利于从整体上把握情况,并客观作出是否“足以危害公共安全”的判断。首先,部分案件是以处理盗窃罪的思维制作现场勘查笔录,侧重记载案发地点、缴获赃物、作案工具的位置,对于电力设备被破坏的具体部位及周围的环境缺乏详细记载。其次,较少收集附近的证人证言,即使收集也是极少可以反映出被破坏电力设备周遭的情况,如附近生活区及厂区情况、街道的热闹程度以及人流量的多少等。最后,一些案件现场制作照片不全面,仅反映被破坏的电力设备,缺乏对附近建筑、周围环境的拍摄。以上问题需要通过提高侦查水平,引导侦查取证等方法予以解决。

另一方面,根据因果关系进行判断。就破坏电力设备罪而言,这里的因果关系判断主要表现为直接性、不可控性和盖然性。直接性是指危害结果是由破坏电力设备行为直接导致,并不是介入其他因素的结果。不可控性是指具体危险的现实化进程非常短暂,破坏电力设备行为所蕴含的危险一旦现实化便会迅速发生和不可控制。盖然性是指破坏电力设备行为所蕴含的内在危险一般情况下会合乎规律地导致危害结果发生,即从一般生活经验角度来看,相关危险的现实化具有盖然的现实可能。当然,这里的现实可能并不要求现实必然发生。

二是行为人主观上具有破坏电力设备的故意。这里判断主观上故意,需要判断行为人是否认识到破坏电力设备行为会产生的结果或危险以及对此的追求程度,在司法实践中,主要是在客观证据基础上进行推定与判断。

醉驾类危险驾驶案件适用附条件不起诉制度研究

朱　进　赵中原*

摘要:随着醉驾类危险驾驶案件持续高位增长,如何对醉驾案件实施科学、有效的治理是一个现实突出问题。对于醉驾案件的治理,实体法与程序法交织,在处理过程中又同时涵盖了行政执法与刑事司法程序。现阶段实体法上醉驾类危险驾驶罪的出罪事由的学理讨论和实践操作,局限于司法层面,仍然可能产生犯罪标签等不利影响。在此背景下,尝试在程序法上引入附条件不起诉制度,对醉驾类危险驾驶案件适用附条件不起诉作出严格的限定,不失为一种重要的程序法纾解路径。

关键词:危险驾驶罪　出罪　附条件不起诉

自2011年《刑法修正案(八)》将醉酒驾驶增设为危险驾驶罪的情形之一纳入刑事法律体系以来,酒驾、醉驾等恶劣交通违法行为无疑得到有效遏制。然而,需要引起注意的是,从办案实践来看,我国司法层面对醉驾的刑事治理已经陷入泥潭,进入司法程序的醉驾类危险驾驶案件持续高位徘徊且逐年递增,同时衍生出一系列治理难题。在此背景下,首先回顾学术界有关醉驾类危险驾驶罪出罪的相关学理讨论,实证观察和检视实体法上出罪事由所可能面临的实现障碍,进而提出醉驾类危险驾驶案件适用附条件不起诉制度的必要性与可能性,进而构建一种程序法出罪机制,无疑具有积极的价值。

一、醉驾类危险驾驶案件快速增长的法治困境

不可否认,醉驾入刑在减少严重交通事故发生、维护公共权益、重塑交通安全理念等方面产生了积极作用,但是,受到"三个一律"刑事治理政策的影响,醉驾类危险驾驶案件因其入罪门槛较低且过于硬性,缺少情节要件等原因,进入刑事审判的案件随之大幅度

---

* 朱进,江苏省滨海县人民检察院党组书记、检察长;赵中原,江苏省滨海县人民检察院政治部副主任。

增长。通过裁判文书检索以及最高人民法院、最高人民检察院发布的数据不难发现,危险驾驶罪已经成为我国起诉和定罪数量最多、占比最大的刑事案件,并由此造成了现阶段针对醉驾治理颇具争议的法治困境。

从绝对数量上看,案件数量持续高位增长。2021 年 10 月 18 日,最高人民检察院发布 2021 年 1 月至 9 月全国检察机关主要办案数据,指出刑事检察案件数量增加,共决定起诉 1273051 人,同比上升 15%①;从起诉罪名上看,排在第一位的是危险驾驶罪总计 263281 人,同比上升 30.6%②。《司法大数据专题报告之危险驾驶罪》的调查数据显示,2014 年 1 月 1 日至 2016 年 9 月 30 日全国危险驾驶案件中,99% 的案件涉及醉驾,仅有 1% 的案件为追逐竞驶或超速超载等情形。③ 毋庸置疑,醉驾类危险驾驶案件成为现阶段数量最为庞大的刑事案件。

有学者在探讨醉酒型危险驾驶一律入罪观的问题时分析发现,在危险驾驶行为入刑十年以来,全国各地法院关于危险驾驶罪案件的裁判文书除 2020 年有所减少外,文书数量每年都呈现上升趋势,且增长速度较快。④ 刑法作为社会违法行为治理的最后一道屏障,将某类行为纳入刑法治理的逻辑前提,就是该行为能够在严厉刑罚的管控下能够得到有效的制约或者抑制。然而,从醉驾类危险驾驶案件的持续高发,很难不让人产生该罪是否有效抑制违法行为的疑惑?至少从现阶段的数据来看,刑罚所具有的一般预防功能并未得到有效的发挥。需要关注的是,醉驾类危险驾驶案件的快速增长,产生了较为严重的治理难题:一是司法资源分配更加捉襟见肘,加重法官的审判负担。二是犯罪标签的不利影响,醉驾者往往因其留下有罪案底而面临诸如吊销执业资格,开除公职、破坏征信等诸多问题。

从上述分析不难看出,刑事防控边际效应已呈现下降趋势,甚至已经影响到人民群众对于"醉驾入刑"这一重大治理举措的认同感。⑤ 正如部分学者提出的疑虑,醉驾入刑的实际效果是否如同立法拟制所预想和期望中的那么明显?我国醉驾类危险驾驶的刑法治理模式是否需要进行改革完善,以及方向如何?为此,学者们主要从实体法角度进行了相应的学术讨论。

---

① 参见 https://www.spp.gov.cn/spp/xwfbh/wsfbt/202110/t20211018_532387.shtml#1,最后访问日期:2022 年 2 月 20 日。

② 参见 https://www.spp.gov.cn/spp/xwfbh/wsfbt/202110/t20211018_532387.shtml#2,最后访问日期:2022 年 2 月 20 日。

③ 柳波等:《"醉驾入刑"司法适用十周年白皮书(上篇)》,载京都律师微信公众号,最后访问日期:2022 年 2 月 20 日。

④ 参见王亚明:《醉酒型危险驾驶的实质出罪可行性研究》,载《江苏社会科学》2021 年第 5 期。

⑤ 参见王敏远:《"醉驾"型危险驾驶罪综合治理的实证研究——以浙江省司法实践为研究样本》,载《法学》2020 年第 3 期。

二、醉驾类危险驾驶案件治理法治困境的实体法纾解

(一)积极预防性立法观的合理性反思

从刑事实体法考虑,纵观近年来的刑法立法活动可以发现,我国目前刑事立法体现的仍是一种偏向行为抽象危险的积极刑法观,通过轻罪体系的构建,强化刑法社会管理与矛盾解决的功能。① 所谓积极预防性立法,简单来说,就是将原本属于行政违法的行为纳入到刑事犯罪范畴加以规制,以实现对违法行为人的有效威慑以及对违法乱象的有效治理。正如《刑法修正案(八)》增加"在道路上驾驶机动车追逐竞驶,情节恶劣的,或者在道路上醉酒驾驶机动车的,处拘役,并处罚金"这一规定,增设危险驾驶罪这一抽象危险犯的做法。醉驾类危险驾驶案件数量快速增长因素是多种多样的,诸如机动车和驾驶员数量的大幅增长、公安执法人员的主动性以及查处力度的强化与查处范围的扩大,甚至受"酒文化"的广泛影响,将醉驾案件数量的增加简单归因于"入刑化治理"是不合理且缺乏科学依据的。

事实上,刑法作为实现社会治理的手段之一,其工具性是与之俱来的属性。有学者认为,随着风险社会的到来,各国立法都普遍强化了刑法的早期预防性,醉驾等抽象危险犯的高发是一个必然的趋势。② 积极刑法观是一种应对实践中出现的各种新型问题的现实需要,当然,我们也不能忽视其弊端与缺陷,泛化的预防往往也会导致一些消极效果。例如,我国立法的积极刑法预防理念在对醉驾行为治理上存在与别国较大差异的模式,即强调"醉驾一律入罪"与"醉驾一律起诉"的严格刑事政策,也正是由于第 133 条的罪状规定过于简单,只定性未定量所形成的"醉驾一律入罪"的严格刑事政策从而导致醉驾类危险驾驶罪的抽象危险犯理论适用以及裁判的罪责刑不相适应的缺陷。由此,面对醉驾治理的法治困境,我们更应该反思这种积极立法观以及严格刑事政策的合理性问题。

(二)醉驾类危险驾驶案件出罪事由论

关于醉驾行为是否一律入罪的问题,在学界曾引发激烈的争论,并大致形成"肯定说"与"否定说"两大见解。③ 就处理醉驾犯罪的刑事政策选择上,卢建平、刘宪权、黄京平等学者均对"情节显著轻微危害不大的"醉驾行为不构成犯罪的观点持支持态度。周光权教授就呼吁,每年将 30 万左右的人贴上罪犯标签并使之承担过重的犯罪附随后果,甚至沦为社会的对立面,这无论对于国家、社会还是危险驾驶者个人来说,都是巨大损失,属于司法和个人的"两败俱伤"。基于刑事一体化的理念,有必要对危险驾驶罪进行体系化治理。④ 以下便对学者关于纾解醉驾治理困境的出罪事由做一简单归纳梳理。

---

① 参见周光权:《论通过增设轻罪实现妥当的处罚——积极刑法立法观的再阐释》,载《比较法研究》2020 年第 6 期。

② 参见敦宁:《醉驾治理的司法困境及其破解之策》,载《法商研究》2021 年第 4 期。

③ 参见陆诗忠:《论"危险驾驶罪"司法适用中的几个疑难问题》,载《甘肃政法学院学报》2018 年第 2 期。

④ 参见周光权:《论刑事一体化视角的危险驾驶罪》,载《政治与法律》2022 年第 1 期。

其一,抽象危险犯的理论适用。刑法理论通说将醉驾认定为一种典型的抽象危险犯,即不需要在具体案件中出现实在的危险结果便可将该行为纳入到刑罚范畴加以打击,从而实现其预防功能。防止具体的危险和侵害,仅仅是立法的动机,而非使这种具体危险和侵害的存在成为行为的构成要件。[①] 因此,当行为人的血液酒精浓度在刑法规定的范围内,驾驶机动车于公共道路即可认定为危险驾驶罪的成立。以张明楷教授为代表的一些学者基本同意这一结论,但在如何判断抽象危险以及是否允许抽象危险犯反证这一问题上仍然存疑。如黎宏教授就认为,刑法立法旨在保护法益,即便是抽象危险犯也应具有某种程度的要求,即在具体场合以及特殊情况下实施了法律上规定的行为但根本不可能发生危险的时候,不能肯定成立犯罪。[②] 因此,如果允许对抽象危险犯进行反证,当行为人醉酒后,深夜在无车辆和行人通行的道路上驾驶机动车,不可能造成他人伤亡的,不应认定为危险驾驶罪,这一观点更加契合司法实际,也符合当下的法益保护精神。但也应对个案进行综合考量,如存在其无证驾驶或者有搭乘客的情形,即使是荒郊野岭也要追究刑责。

其二,对《刑法》第 13 条"但书"条款的运用。该条款规定,情节显著轻微危害不大的,不认为是犯罪。按照储槐植教授的观点,罪刑法定原则保障的是第一层出罪,"但书"条款则是通过社会危害性的部分缺乏达到第二层出罪。[③] 由于分则对醉驾类危险驾驶罪的罪名描述过于简单,单纯规定了行为的定性问题,因此被部分学者认为醉驾行为已经被但书排除,没有再适用的余地与价值。这一观点显然失之偏颇,在刑事案件危害行为的司法认定中,总则与分则的关系应当是相辅相成、一体适用的,既要考虑刑法分则的具体规定,也要考虑刑法总则的一般性规定[④]。由此,在醉驾案件中"但书"条款具有可适用性,但是在具体适用方式上仍需进一步斟酌,周光权教授便认为,这种直接根据"但书"规定下判的司法立场曲解了"但书"的功能,因为一方面认定这一行为已经符合犯罪成立要件,另一方面又按照"但书"规定宣告该行为无罪,在逻辑上是自相矛盾的。[⑤] 申言之,"但书"的作用应当作为出罪的指导原则,而非是排除犯罪的具体标准,就危险驾驶罪而言,应当将"但书"的精神具体渗透到醉驾类危险驾驶罪各个构成要件因素的解释中,通过对构成要件中属于"情节显著轻微危害不大"的情形作出明文列举,以压缩司法人员的裁量空间。

其三,"紧急避险"等违法阻却事由的认定。按照《刑法》第 21 条关于紧急避险的规

---

① 参见[德]克劳斯·罗克辛:《德国刑法学总论(第 1 卷):犯罪原理的基础构造》,王世洲译,法律出版社 2005 年版,第 278 页。

② 参见黎宏:《刑法学》,法律出版社 2012 年版,第 92 页。

③ 参见储槐植:《刑事一体化论要》,北京大学出版社 2007 年版,第 106 – 109 页。

④ 参见颜九红:《根据刑法总则综合认定醉驾犯罪》,载《检察日报》2018 年 2 月 5 日,第 3 版。

⑤ 参见周光权:《论刑事一体化视角的危险驾驶罪》,载《政治与法律》2022 年第 1 期。

定,在危险驾驶案件中,被告人以紧急避险作为违法阻却事由加以辩护或上诉的情形比较少见,但是不能排除这种情形在实际中存在,实务中通常对此一阻却事由持否定态度,至多在量刑时予以适度考虑,这一做法是值得商榷的。如 2017 年北京市高级人民法院审理的赵某危险驾驶案,被告人赵某于案发前醉酒,因其子生病,遂驾车带孩子去某医院就医,途中遭遇民警夜查,被一审法院以危险驾驶罪从轻判处拘役一个月,赵某提出上诉。二审法院经审理认为,赵某醉酒后在道路上驾驶机动车,其行为已构成危险驾驶罪,但其犯罪情节轻微,不需要判处刑罚,对于赵某案后如实供述犯罪事实,未发生实际损害等上诉理由予以采纳,据此撤销一审判决,对赵某改判免予刑事处罚。由此可见,本案的免予刑事处罚是单纯从量刑角度来考虑的,但许多学者认为前述案例中的赵某能够成立紧急避险,应认定其行为无罪。反对一方的观点是,醉酒驾车这一行为并非唯一手段,如赵某可以打车或者代驾,但是这一理由没有考虑到孩子发烧这一事态紧迫性以及危险发生时间(凌晨 3 点)的特殊性。再如,受追杀酒驾逃生等个案情形是否应认定为紧急避险,从而排除其行为的违法性,是实务上无法绕开的问题。①

(三)醉驾类危险驾驶案件的刑罚适用

我国《刑法》第 72 条规定:"对于被判处拘役、三年以下有期徒刑的犯罪分子,犯罪情节较轻、有悔罪表现、没有再犯罪的危险,宣告缓刑对所居住社区没有重大不良影响,可以宣告缓刑。"从醉驾的社会危害性、人身危险性以及再犯可能性,抑或从缓刑制度的目的精神上加以考虑,醉驾类危险驾驶罪都比其他大多数犯罪更适合适用缓刑制度。数据显示,2020 年判处三年有期徒刑(不含三年)及以下刑罚的案件占比达到了 77.4%。大量轻罪案件要求司法机关全面贯彻宽严相济刑事政策,②重罪须从严追诉,轻罪则依法宽缓。王志祥教授认为,从犯罪危害程度和刑罚严厉程度考虑,醉驾类危险驾驶罪属于微罪范畴。对此类微罪进行大规模的入罪化治理显然缺乏必要性,因而有必要建立醉驾类危险驾驶罪出罪路径。③

醉驾入刑至今,各地法院逐渐有对被告人判处实刑的同时适用缓刑的倾向。醉驾入刑后,危险驾驶罪案件总数、缓刑数量及比例情况,可参见表 1:④

---

① 参见周光权:《紧急避险与危险驾驶罪》,载《法治日报》2021 年 6 月 2 日,第 11 版。

② 2010 年 2 月 8 日,最高人民法院发布的《关于贯彻宽严相济刑事政策的若干意见》中将宽严相济刑事政策确定为我国的基本刑事政策,要求将宽严相济贯彻在立法、司法和执法的全过程。该意见中要求,司法机关办理案件时应根据犯罪的具体情况区别对待,做到该宽则宽,当严则严,宽严相济,罚当其罪。

③ 参见王志祥、融昊:《对醉驾行为适用不起诉制度的思考》,载《人民检察》2020 年第 20 期。

④ 参见柳波等:《"醉驾入刑"司法适用十周年白皮书(上篇)》,载京都律师微信公众号,最后访问日期:2022 年 2 月 20 日。

表 1 2011—2020 年危险驾驶案件总数、缓刑数量及比例表

年份(年)	总数(件)	缓刑(件)	缓刑适用占比(%)
2011	2911	678	23.29
2012	15146	4768	31.48
2013	37842	13729	36.28
2014	106334	47447	44.62
2015	128863	59465	46.15
2016	146322	70333	48.07
2017	172643	86155	49.90
2018	209311	107328	51.28
2019	262297	129663	49.43
2020	217559	105178	48.34

总体来看,醉驾的实刑占比仍然接近一半。一方面,“严”体现为通过严格查处打消行为人的侥幸心理,从源头上杜绝醉酒开车行为,对情节严重的醉驾继续保持严惩态势,对具有发生较为严重的交通事故,或者造成交通事故后逃逸,逃避、阻碍公安机关执法检查,再次醉驾等从重处罚情节的,要依法从重处罚。“因为,即使是最小的恶果,一旦成了确定的,就总令人心悸。”[①]另一方面,“宽”体现为对行为人认罪认罚从宽的考量,对于没有发生交通事故,或者被告人具有自首、立功、取得被害人谅解等法定、酌定从宽处罚情节的,要依法从宽处罚,从而起到特殊预防的效果,并不是只有起诉后定罪处刑才能实现这一目的。

三、醉驾类危险驾驶案件治理法治困境的程序法纾解

既然刑事实体法上的讨论似乎就能够有效解决醉驾类危险驾驶案件所面临的法治困境,为何我们还需要讨论刑事程序法路径呢?那是因为实体法的治理路径在某种意义上难以实质性地解决法治困境。刑事实体法上所提出的抽象危险犯、但书条款和紧急避险等理论,只是为醉驾类犯罪嫌疑人的出罪或者减轻法律责任的学理依据,属于《刑法》总则的要求,仍然需要与分则中危险驾驶罪的条款结合起来才能使用。正是因为实体法上的治理路径存在局限性,促使我们将关注的焦点转向程序法,因为程序法同样具有出罪的功能。[②] 在刑事程序法上,与醉驾类危险驾驶案件的处理最密切相关的,无疑就是不起诉制度。笔者认为,应当以附条件不起诉(前提是扩大附条件不起诉的适用范围)作为

---

① [意]切萨雷·贝卡里亚:《论犯罪与刑罚》,黄风译,中国法制出版社 2005 年版,第 72 页。

② 参见杨明:《程序法“出罪”功能研究》,载《中国刑事法杂志》2010 年第 1 期。

醉驾类危险驾驶行为程序法治理路径，而不是以法定不起诉，原因有以下几个方面：

首先，法定不起诉的适用条件有特定限制，很难适用于醉驾类危险驾驶案件。按照《刑事诉讼法》第 16 条的规定，适用法定不起诉的情形与醉驾类危险驾驶行为密切相关的即“情节显著轻微、危害不大，不认为是犯罪的”。从内容表述上看，该情形的表述无疑是对《刑法》第 13 条“但书”条款在刑事诉讼法领域的再表达。在刑法学理上，法学通说认为“情节显著轻微”中“情节”的认定需要根据行为过程中影响不法程度的各种情况，如法益的性质、行为的危害与实害结果等综合确定。① 具体到醉驾类案件是否可以将“情节显著轻微、危害不大”作为出罪事由，形成“肯定说”与“否定说”两种代表性的意见。其中“肯定说”的理由主要有两个：一是《刑法》第 13 条的“但书”条款属于总则的内容，对分则的罪名具有拘束力；二是“醉驾”属于纯正行为犯，可以适用“情节显著轻微”。② “否定说”反对的理由主要有两个：一是直接以“但书”作为出罪的理由，将使我国犯罪构成理论处于尴尬的境地；二是“但书”条款的适用会产生一系列问题，如缺乏集中、统一的标准，导致“但书”的适用无法得到有效的制约，甚至可能架空刑事违法性标准，对刑事法治秩序造成冲击，破坏民众对于刑事法治的信任。③ 两种观点相较，笔者更为认可“否定说”。

其次，醉驾类危险驾驶案件适用附条件不起诉制度，既能体现宽严相济的刑事政策和刑法的谦抑性，又能积极发挥和保持刑事法治对醉驾行为的威慑效应。2012 年 3 月修订《刑事诉讼法》时，在第五编“特别程序”第一章“未成年人刑事案件诉讼程序”中规定了附条件不起诉制度，之所以要在《刑事诉讼法》中专门规定附条件不起诉制度，其重要的缘由在于“将那些危害性较小，对公共利益侵犯程度低的犯罪行为在审判前以相对简易的方式进行妥善处理，从而减少诉讼环节，节省司法资源，使司法机关能够集中精力处理那些严重犯罪行为，实现了程序分流、提高诉讼效益的结果”。④ 也就是说，如果醉驾类危险驾驶案件可以适用附条件不起诉制度，至少能够产生三个方面的重要价值：其一，不起诉的有条件实施，能够继续维持和实现刑罚的目的。其二，对醉驾类危险驾驶案件进行分流，有效缓解“案多人少”下司法资源的配置困境。其三，相比缓刑不会对犯罪人的再社会化产生不利影响。

最后，附条件不起诉制度存在扩展适用的空间，近年来刑事合规试点即为突破该制度适用范围的典型探索。事实上，《刑事诉讼法》规定的附条件不起诉制度并非我国独创，而是借鉴了其他国家的附条件不起诉制度。例如，1993 年德国修订《刑事诉讼法》时

---

① 参见张明楷：《刑法学》，法律出版社 2016 年版，第 90 页。

② 参见骆艳青：《刑法 · 分则》，河北人民出版社 2013 年版，第 21 页。

③ 参见李翔：《从“但书”条款适用看司法如何遵循立法》，载刘宪权主编：《刑法学研究》（第 8 卷），上海人民出版社 2011 年版，第 127 页。

④ 陶建平主编：《法律监督热点问题研究》（三 · 上），上海交通大学出版社 2013 年版，第 348 页。

将附条件不起诉扩大到轻罪以外的案件，1998 年修法时又要求被指控人承担第 5 项义务，即行为人根据道路交通法的规定参加一定的劳动。[①] 近年来，在刑事法学界引起重点关注的刑事合规，在刑事程序法领域的合规激励政策即为附条件不起诉制度，即学者们主张将附条件不起诉制度的适用范围拓展至反企业腐败领域。[②]

四、醉驾类危险驾驶案件适用附条件不起诉制度的具体架构

现阶段醉驾类危险驾驶案件适用附条件不起诉制度应该严格限制适用条件。具体而言，可以考虑将附条件不起诉的适用范围限制于以下五种情形：[③]

其一，以较低或者极低的速度醉驾，即行为人自身意识到醉酒状态下自身处理紧急情况的能力有所下降，而有意将车速控制在一个极低的范围内，即便发生紧急情况也能妥善应对或者不会造成重大事故。具体而言，可以考虑将车速限定于 20 公里/小时以下。

其二，在车流量极小、人流量极少的道路上醉驾的。《刑法》第 133 条之一将危险驾驶罪的适用条件统一限定为“道路”，但是实际生活中，不同道路的车流量和人流量存在显著的差别，在城市道路上醉驾的潜在危害显然高于乡村道路。因此，有些省市高级人民法院制定的规范性文件将这类道路排除在外。例如，浙江省高级人民法院、浙江省人民检察院和浙江省公安厅联合发布的《关于办理“醉驾”案件的会议纪要》（浙高法〔2017〕12 号）规定：“刑法第一百三十三条之一中的‘道路’，按道路交通安全法第一百一十九条第（一）项规定执行，即是指公路、城市道路和虽然在单位管辖范围但允许社会机动车通行的地方，包括广场、公共停车场等用于公众通行的场所，不包括居民小区、学校校园、机关企事业单位内等不允许机动车自由通行的通道及专用停车场。”

其三，醉驾持续时间、行驶路程较短的。醉驾行为的潜在危害性不仅取决于行为人是否丧失紧急情况的处理能力，而且与醉驾的持续时间、行驶路程密切相关。持续时间和行驶路程较短的，其潜在的社会危害相对较小。例如，浙江省《关于办理“醉驾”案件的会议纪要》规定：“对于醉酒在广场、公共停车场等公众通行的场所挪动车位的，或者由他人驾驶至居民小区门口后接替驾驶进入居民小区的，或者驾驶出公共停车场、居民小区后即交由他人驾驶的，可以不作为犯罪处理。”该会议纪要所列举的挪动车位、接替驾驶和交由他人驾驶的三种情形，属于醉驾持续时间和行驶路程较短的情况。

其四，存在客观紧急情况需要醉驾的。此种情况即属于前文所讲的存在阻却违法事由紧急避险，迫使醉驾行为人不得不采用醉驾方式来规避或者避免造成更大法益的损

① 参见徐汉明：《转型社会的法律监督理念、制度与方法（四）》（修订版），知识产权出版社 2013 年版，第 286 页。

② 参见杨帆：《企业合规中附条件不起诉立法研究》，载《中国刑事法杂志》2020 年第 3 期。

③ 参见骆艳青：《刑法·分则》，河北人民出版社 2013 年版，第 22 页以下。

失。湖南省人民检察院发布的《关于危险驾驶(醉驾)犯罪案件不起诉的参考标准(试行)》第 6 条规定,“醉酒驾驶机动车,血液酒精含量在 150 毫克/100 毫升以下,且没有本参考标准第五条规定的从重处罚情节的,可以适用相对不起诉:……(二)因事发突然,情况紧急驾驶车辆,且未发生交通事故的”。即当醉驾行为人满足一定酒精含量以下、紧急情况驾驶车辆且未发生交通事故等三个标准时,即可以适用相对不起诉。紧急情况主要判断标准在于醉驾行为人是否存在其他相应的替代措施,否则不能认定为客观紧急情况。

其五,醉酒程度较低的。目前我国采取的是绝对醉酒标准,即血液中酒精含量大于或者等于 80mg/100ml,排除了个体之间潜在的生理差异,故而不少地方司法机关在具体执法过程中放宽该标准。例如,浙江省《关于办理“醉驾”案件的会议纪要》就根据酒精含量和量刑情节确定了三个幅度的处理方式:(1)醉酒驾驶汽车,酒精含量超过 180mg/100ml 的,或者虽然酒精含量在 180mg/100ml 以下,且具有造成他人轻伤、在高速上醉酒驾驶等从重情节的,不适用缓刑;(2)酒精含量在 180mg/100ml 以下,无上述从重情节,且认罪认罚的被告人可以适用缓刑;(3)酒精含量在 140mg/100ml 以下,且无上述从重情节的,可以不起诉或者免予刑事处罚。基于此,可以考虑将酒精含量超过 80mg/100ml,但是低于 140mg/100ml,且无造成交通事故等从重情节的醉驾行为,适用附条件不起诉。

在严格限制适用条件的基础上,还有必要明确考验期限和相应的附带处分。在考验期的设置上,考虑到拘役的最高刑期为 6 个月,以及未成年人附条件不起诉考验期为 6 个月以上 1 年以下,将附条件不起诉的考验期限设置6 个月以下 1 年以下是比较适宜的,期限过长显然会影响司法效率。同时,在考验期内,参考少年司法的教育理念,应该对醉驾行为人设置强制性公益服务的内容。

不起诉案件非刑罚处罚措施的体系构建

——以苏州市检察机关不起诉案件非刑罚处罚措施为样本

陈　清　周书茂*

摘要：检察机关办理不起诉案件不是“不诉了之”，而要依法对被不起诉人适用相应的非刑罚处罚措施，对此，我国现行法律规定明显存在处罚措施不完备、执行主体不明确、适用范围不具体等问题，急需相应的立法保障以及非刑罚执行制度的改革，准确区分刑罚处罚与非刑罚处罚的本质内涵，不断转变司法理念，从完善非刑罚处罚措施、明确执行监督主体等方面构建起更为科学合理的不起诉案件非刑罚处罚措施体系。

关键词：不起诉　非刑罚处罚　少捕慎诉慎押

不起诉是法律赋予检察机关的一项重要职权，是检察机关承担诉前主导责任的重要体现，是检察官履行客观公正义务的权力载体，在贯彻“少捕慎诉慎押”的刑事司法政策方面发挥着重要作用。随着认罪认罚从宽制度的全面实施以及企业合规改革改革试点的深入，检察机关不起诉案件的数量也逐年递增。对于不起诉“前半篇文章”来讲，检察机关依法充分规范适用不起诉方面已经十分成熟，能够严格把握起诉标准，正确行使起诉裁量权。显然，轻罪不是无罪更不是无害，不起诉也绝不等于不追究，但是当前的法律或司法解释，对不起诉案件的非刑罚处罚措施的缺乏具体规定，以至于检察机关在追究被不起诉人责任时手段单一，偶有创新却又引发诸多争议。因此，做好不起诉的“后半篇文章”，认真总结不起诉案件非刑罚处罚措施试点工作经验，积极审慎推进相关工作，构建科学合理的非刑罚处罚措施体系显得尤为迫切。

* 陈清，江苏省苏州市人民检察院副检察长；周书茂，江苏省苏州市人民检察院法律政策研究室检察官助理。

一、不起诉案件适用非刑罚处罚措施的种类

依据《刑法》第 37 条免予刑事处罚及非刑罚性处置措施第 1 款[①],《刑事诉讼法》第 177 条第 3 款[②]、第 238 条[③]规定,最高人民检察院《人民检察院刑事诉讼规则》(以下简称《刑事诉讼规则》)第 373 条[④]、第 375 条[⑤]规定,检察机关适用非刑罚处罚措施可以分为教育类(训诫或者具结悔过)、民事类(赔礼道歉、赔偿损失)、行政类(出具行政处罚、处分或者没收违法所得意见书移交有关主管机关)、监督考察类共计四类 8 项措施。加上纪检监察类(2018 年监察体制改革后,检察机关对公职人员非职务犯罪的被不起诉人移送纪委监察机关作出党纪、政务处分),共有五类 10 项措施。

司法实践中,为避免对被不起诉人"不诉了之",国内不少检察机关对非刑罚处罚措施进行了有力的探索,少数检察机关将不起诉案件非刑罚处罚直接交由社区矫正机构执行。据《利用司法资源　做好附条件不起诉监督考察》[⑥]一文介绍,新蔡县人民检察院、新蔡县司法局联合发布的文件《关于对被附条件不起诉人开展社区矫治教育试行办法》第 3 条规定:"县人民检察院、县司法局社区矫正中心共同负责指导管理和组织实施社区矫治教育……被附条件不起诉人所在学校、居住地村(社区)委员会以及未成年人保护组织可以协助社区矫正机构进行矫治教育工作"。对于这类接受教育,参加志愿服务、公益劳动的非刑罚处罚措施,为了防止与《社区矫正法》[⑦]规定的社区矫正措施相区别,我们可以将其归类为矫治类,即矫治类包括接受教育,参加志愿服务、公益劳动等措施。检察机关不起诉案件适用非刑罚处罚措施大致可以分为六类 13 项。

二、苏州市检察机关不起诉案件非刑罚处罚措施基本情况

近日,笔者对苏州市检察机关不起诉案件非刑罚处罚措施适用情况进行调研,从统计期内[⑧]分析,苏州市检察机关共办理不起诉案件 4189 人,对被不起诉人适用的非刑罚

---

① 对于犯罪情节轻微不需要判处刑罚的,可以免予刑事处罚,但是可以根据案件的不同情况,予以训诫或者责令具结悔过、赔礼道歉、赔偿损失,或者由主管部门予以行政处罚或者行政处分。

② 人民检察院决定不起诉的案件,应当同时对侦查中查封、扣押、冻结的财物解除查封、扣押、冻结。对被不起诉人需要给予行政处罚、处分或者需要没收其违法所得的,人民检察院应当提出检察意见,移送有关主管机关处理。有关主管机关应当将处理结果及时通知人民检察院。

③ 在附条件不起诉的考验期内,由人民检察院对被附条件不起诉的未成年犯罪嫌疑人进行监督考察。

④ 人民检察院决定不起诉的案件,可以根据案件的不同情况,对被不起诉人予以训诫或者责令具结悔过、赔礼道歉、赔偿损失。对被不起诉人需要给予行政处罚、政务处分或者其他处分的,经检察长批准,人民检察院应当提出检察意见,连同不起诉决定书一并移送有关主管机关处理,并要求有关主管机关及时通报处理情况。

⑤ 人民检察院决定不起诉的案件,需要没收违法所得的,经检察长批准,应当提出检察意见,移送有关主管机关处理,并要求有关主管机关及时通报处理情况。

⑥ 邓华平、张岩:《利用司法资源　做好附条件不起诉监督考察》,载《驻马店日报》2020 年 12 月 11 日,第 7 版。

⑦ 《社区矫正法》第 36 条第 1 款规定:"社区矫正机构根据需要,对社区矫正对象进行法治、道德等教育,增强其法治观念,提高其道德素质和悔罪意识。"第 42 条规定:"社区矫正机构可以根据社区矫正对象的个人特长,组织其参加公益活动,修复社会关系,培养社会责任感。"

⑧ 统计日期为 2021 年 1 月 1 日至 2022 年 4 月 30 日。

处罚措施包括教育类(训诫、具结悔过)、民事类(赔礼道歉、赔偿损失)、行政类(行政处罚、处分,没收违法所得)、监督考察类、矫治类(接受教育,参加志愿服务、公益劳动)共计五类11项措施。具体适用时,则根据被不起诉对象的不同违法情形,对其适用不同类型的非刑罚处罚措施。如对有被害方的故意伤害、盗窃、危险驾驶等不起诉案件,侧重采用责令具结悔过、赔礼道歉、赔偿损失等措施,适用率[①] 12.8%;在行刑衔接案件中,对有行政处罚、处分等后续必要措施的,检察机关在作出不起诉决定的同时,共向行政主管机关发出检察意见书3088份,适用率73.7%;训诫则单独或配合其他非刑罚处罚措施灵活适用,适用率53.7%。除上述非刑罚处罚措施外,苏州市检察机关还协调被不起诉人所在社区、文明办,对被不起诉人适用疫情检测志愿服务、协助交通执勤、参加社区劳动等矫治类措施,适用率5.9%。

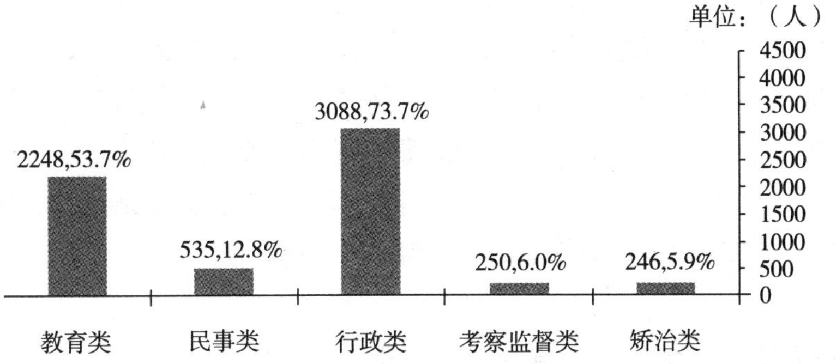

图1 2021年以来苏州市检察机关不起诉案件适用非刑罚处罚措施情况[②]

需要特别说明的是,苏州市检察机关在采取矫治类措施时,对执行机关的选择比较宽泛,并不是与社区矫正机构协调,将非刑罚处罚工作交由社区矫正机构执行。如苏州市相城区人民检察院先后于2021年7月19日与公安机关签订《交通安全犯罪被不起诉人公益劳动实施办法》、2021年11月29日与胡巷社区签订涉及不起诉案件非刑罚处罚方面的《公益服务共建协议》,促进被不起诉人参与交通执勤、社区服务等公益活动的规范性。

三、检察机关不起诉案件适用非刑罚处罚措施的现实困境

一是检察机关作为非刑罚处罚措施的适用主体争议。"法无授权不可为"已经成为法治国家通行的法律原则,同时意味着"法无授权即禁止"。学界普遍认为非刑罚处罚相对于刑罚,也是一种刑事责任的承担方式,适用主体只能是拥有判处被告人有罪的权力

① 适用率=统计期内措施适用数/统计期内被不起诉人总数×100%

② 统计日期为2021年1月1日至2022年4月30日,被不起诉人总数小于各类非刑罚处罚措施之和,是因为被不起诉人可能适用两种以上非刑罚处罚措施,如被不起诉人可能同时被训诫、要求赔礼道歉。

的人民法院。法律上,仅《刑事诉讼法》授权检察机关可以适用行政类和监督考察类非刑罚处罚措施,而监督考察还不算严格意义上的非刑罚处罚措施。

二是检察机关作为非刑罚处罚措施的执行主体争议。检察机关作为非刑罚处罚措施的适用主体尚且存有争议,作为执行主体也同样存在争议。从《刑法》《刑事诉讼法》规定看,检察机关没有非刑罚处罚措施的执行资格,即使如教育类的训诫措施都没有执行资格。一直以来,检察机关执行非刑罚处罚措施的主要依据是最高人民检察院《刑事诉讼规则》,可《刑事诉讼规则》作为检察机关的办案规则,其法律位阶自然没有《刑法》《刑事诉讼法》位阶高,以致检察机关适用非刑罚处罚措施的底气不足。

三是将非刑罚处罚交由社区矫正机构执行是否合适有争议。对于接受教育,参加志愿服务、公益劳动等社区矫治类非刑罚处罚措施,检察机关需要审慎适用,《社区矫正法》明确规定社区矫正的对象仅限于管制、缓刑、假释和暂予监外执行四类罪犯,一旦将被不起诉人交予社区矫正机构接受社区矫正即有违法之嫌,自然会引起让被不起诉人接受刑罚的争议。即便否认社区矫正机构是刑罚执行机构,一旦将被不起诉人交予社区矫正机构接受社区矫正,就是将被不起诉人与四类罪犯混为一谈,令非刑罚处罚与刑罚处罚模糊不清,更失去了非刑罚处罚的本质含义。当然,检察机关在试点期间、试点区域进行探索也无可厚非,毕竟事物的发展都遵循从无到有的发展过程。

四、检察机关面对上述现实困境的应对之策

"道之以政,齐之以刑,民免而无耻;道之以德,齐之以礼,有耻且格。"中国传统的观念并不提倡严刑峻法,非刑罚处罚措施的适用与上述传统观念不谋而合,更是当前检察机关落实"少捕少诉慎押"刑事司法政策的重要措施。检察机关作为社会治理的重要参与者,能动司法也是应有之义,对于不诉案件肯定不能"不诉了之",也不能在僵化乃至错误的理论、教材面前举步不前。

一是非刑罚处罚措施的主体资格辨析。检察机关应当是不起诉案件非刑罚处罚措施的唯一适用主体,前述有关非刑罚处罚措施的适用主体是人民法院,检察机关没有非刑罚处罚措施适用主体、执行主体资格的观点,其理由来源于《刑事诉讼法》第 12 条法院定罪原则,即在我国未经人民法院依法判决,对任何人不得确定有罪。片面地认为非刑罚处罚措施是刑法规定的针对被人民法院裁定为不予适用刑罚处罚措施的犯罪分子实施的处罚措施,是犯罪分子承担刑事责任的一种途径。这种观点单纯从理论上推理似乎很自洽,其实不论从逻辑还是实务分析都失之偏颇,而且与当前的司法理念及司法实践相差甚远。逻辑层面上,首先,可以肯定的是《刑事诉讼法》第 12 条法院定罪原则没有任何问题,有罪必须经人民法院依法判决,但是无罪并不都需要法院依法判决,侦查机关、检察机关审查判断亦可。如有些貌似的刑事案件,经公安机关侦查取证发现不构成犯罪的情况应该最为常见,公安机关直接给予当事人批评教育、具结悔过乃至行政拘留等行

政处罚、处分，监察机关对不构成职务犯罪的公职人员同样可以适用“红红脸、出出汗”的党纪、政务处分，这些同样是非刑罚处罚措施。其次，对于《刑事诉讼法》赋予检察机关不起诉决定权的条文来看，不起诉决定的前提是犯罪情节轻微，依据刑法规定不需要判处刑罚或者免除刑罚，与《刑法》第37条非刑罚处罚措施的条件“对于犯罪情节轻微不需要判处刑罚的，可以免予刑事处罚……”完全一致，如果一味坚持《刑事诉讼法》第12条法院定罪原则，检察机关作出相对不起诉决定之前似应该有人民法院判决有罪这个大前提，岂非逻辑混乱？最后，从刑事诉讼法规定来看，拥有不起诉决定权的只有人民检察院，那么检察机关自然是不起诉案件非刑罚处罚措施的唯一适用主体。司法实践中，检察机关对批准逮捕、提起公诉的考核力度越来越严格、越来越科学，一改过去因为不起诉案件的程序复杂、审批严格而使相对不起诉条文处于沉睡的状态。当前，为深入贯彻“少捕慎诉慎押”的刑事司法政策，苏州市检察机关建立起诉必要性审查机制，把可以作出不诉的案件等同于应当不诉案件来办理，努力将所有可能适用非刑罚处罚措施的案件全部作出不起诉决定，如此一来，非刑罚处罚措施的适用主体主要是检察机关，人民法院作为适用主体的概率反而极小，人民法院只有在少数本该不起诉的案件移送人民法院审理的情况下，才有机会适用非刑罚处罚措施。

二是检察机关需要准确适用矫治类措施。笔者认为，检察机关适用矫治类的非刑罚处罚措施，应当禁止与辖区内社区矫正机构对接，将被不起诉人委托社区矫正机构进行监督考察，但是可以与公安机关、文明办以及社区、村委会等村民自治组织协调，将需要接受矫治类的被不起诉人，委托社区、村委会等村民自治组织更为合适，这样做既避免了对被不起诉人采用社区矫正手段的诟病，又能保证监督考察和矫治类非刑罚处罚措施的末端落实。

五、检察机关不起诉案件非刑罚处罚措施的体系构建

检察机关作为不起诉案件适用非刑罚处罚措施的唯一合法单位，需要严格依法适用非刑罚处罚措施，所以急需在试点基础上，借鉴成熟的可资借鉴的经验，构建科学的、合理的非刑罚处罚措施体系，也急需相关司法理念的转换以及刑事法律的完善。

一是理念转变。《刑法》第37条的非刑罚处罚措施、《刑事诉讼法》第177条不起诉决定，其立法的本意是将这些犯罪情节轻微的犯罪不视为犯罪，既然不视为犯罪，那么对不起诉人也不能当成犯罪分子对待。对于非刑罚处罚措施，应采用广义的概念去理解，即非刑法规定的八种刑罚种类（五种主刑和三种附加刑）之外的各类处罚措施均为非刑罚处罚措施。

二是措施完善。不起诉案件非刑罚处罚措施具体包括但不限于以下六类：教育类（训诫、具结悔过）、民事类（赔礼道歉、赔偿损失）、行政类（行政处罚、处分，没收违法所得）、纪检监察类（党纪、政务处分）、监督考察类（家庭、学校、社区、第三方监督考察）、矫治类（公益

劳动、志愿服务、义务劳动、执行禁止令），且具体措施一直处于不断的丰富完善中。

三是框架构建。不起诉案件非刑罚处罚措施作为处罚，不论是刑罚上的报复目的还是行政上的处罚目的抑或社区矫正的预防矫治目的，适用、执行、监督三个环节都不可或缺。需要适用主体做出决定、执行主体对处罚对象进行处罚、被不起诉人接受处罚、监督机关监督处罚执行情况。前文已述及，不起诉案件非刑罚处罚措施的适用主体只能是检察机关。不起诉案件非刑罚处罚措施的执行主体则可分为五种情况：教育类、民事类的执行主体为检察机关；行政类的执行主体为有关主管机关；纪检监察类的执行主体为纪委监察委；监督考察类的执行主体为检察机关或社区、村委等村民自治组织；矫治类的执行主体为社区、村委等村民自治组织（见表 1）。不起诉案件非刑罚处罚措施的执行机关如果不是检察机关，检察机关则按照法律规定承担法律监督职责；在检察机关适用、执行非刑罚处罚措施时，可以邀请人大代表、政协委员和人民监督员参加听证，听取意见和建议，自觉接受外部监督。

表 1　检察机关不起诉案件非刑罚处罚措施的执行主体资格

处罚类别 执行机关	教育类	民事类	行政类	纪检监察类	监督考察类	矫治类
检察机关	☆①	☆			☆	
行政主管机关	☆		☆			
纪委监察机关	☆			☆		
社区/村委等	☆				☆	☆

四是具体适用。根据《刑事诉讼法》对不起诉的种类和条件的规定，不起诉案件可以分为绝对不起诉、相对不起诉、存疑不起诉、附条件不起诉、企业合规不起诉五类。绝对不起诉案件、存疑不起诉案件完全类比无罪案件，检察机关对不起诉人不宜适用任何非刑罚处罚措施；相对不起诉、附条件不起诉、企业合规不起诉案件，检察机关需要结合具体案情具体分析，科学地适用非刑罚处罚措施。（见表 2）

表 2　检察机关不起诉案件非刑罚处罚措施适用②

处罚类别 不起诉类型	教育类	民事类	行政类	纪检监察类	监督考察类	矫治类
绝对不起诉	⊖	⊖	⊖	⊖	⊖	⊖
存疑不起诉	⊖	⊖	⊖	⊖	⊖	⊖

① ☆表示拥有非刑罚处罚措施的执行主体资格。

② 表内⊖表示不可适用该类非刑罚处罚措施，☆表示可以单独或组合适用该非刑罚处罚措施。

续表

处罚类别 不起诉类型		教育类	民事类	行政类	纪检 监察类	监督 考察类	矫治类
相对不起诉		☆	☆	☆	☆	☆	☆
附条件不起诉		☆	☆	☆	☆	☆	☆
企业合规	相对不起诉	⊖	☆	☆	⊖	☆	⊖
	附条件不起诉	⊖	☆	☆	⊖	☆	⊖

1. 相对不起诉案件。检察机关依据《刑事诉讼法》第 177 条第 2 款①和第 290 条②规定做出不起诉决定的，被不起诉人对于这两种不起诉案件，被不起诉人实际就是犯罪分子，只是法律不将其视为犯罪而已，被不起诉人必须为其行为承担相应的责任，检察机关需要结合具体的案情和当事人，为其选择合适的非刑罚处罚措施。

2. 附条件不起诉。检察机关依据《刑事诉讼法》第 282 条③规定做出不起诉决定的，执行非刑罚处罚措施是前置程序，即通过检察机关的监督考察后才能做出不起诉决定。监督考察类的具体措施包括教育、矫治等手段，与教育类、民事类有交叉重叠内容。

3. 企业合规不起诉。企业合规不起诉包括相对不起诉模式和附条件不起诉模式，相对不起诉是指检察机关在对涉案企业作出相对不起诉的同时，发出要求其实施合规管理体系的检察建议并督促其整改；附条件不起诉模式是指检察机关对于具有合规意愿并提出合规计划的涉案企业启动合规考察程序，按照最高人民检察院、司法部、财政部等九部委联合印发的《关于建立涉案企业合规第三方监督评估机制的指导意见（试行）》，经由第三方监督评估组织对涉案企业专项合规整改计划和相关合规管理体系进行评价、监督和考察，在考察期结束之后，根据其合规整改情况作出是否起诉的决定。

① 对于犯罪情节轻微，依照刑法规定不需要判处刑罚或者免除刑罚的，人民检察院可以作出不起诉决定。

② 对于达成和解协议的案件，公安机关可以向人民检察院提出从宽处理的建议。人民检察院可以向人民法院提出从宽处罚的建议；对于犯罪情节轻微，不需要判处刑罚的，可以作出不起诉的决定。

③ 对于未成年人涉嫌《刑法》分则第四章、第五章、第六章规定的犯罪，可能判处 1 年有期徒刑以下刑罚，符合起诉条件，但有悔罪表现的，人民检察院可以作出附条件不起诉的决定。

减刑、假释案件实质性监督实证研究

江苏省盐城市人民检察院课题组*

摘要:近年来,云南孙某果案、北京郭某思案等违法减刑、假释案件,引发了社会广泛关注,反映了人民群众对刑罚执行公平公正的更高要求和期待。《中共中央关于加强新时代检察机关法律监督工作的意见》指出,完善对刑罚变更执行的同步监督机制,有效防止和纠正违法减刑、假释、暂予监外执行。当前,检察机关应深入贯彻执行好《关于加强减刑、假释案件实质化审理的意见》的要求,强化对减刑、假释案件的实质性监督,督促刑罚执行机关依法正确规范履职,确保每一起减刑、假释案件公平公正,切实维护法律严肃性、权威性。

关键词:减刑　假释　检察机关　实质审查

2014 年最高人民检察院印发了《人民检察院办理减刑、假释案件规定》,就检察机关办理减刑、假释监督案件的内容、方式等方面作出了规定,在一定程度上保障了减刑、假释案件的公平公正。但对照新形势新任务新要求,对照新时代人民群众对减刑、假释公平公正的新期盼,当前检察机关有必要进一步细化监督流程,实化监督举措,加大监督深度,使减刑、假释监督案件“更像一个司法案件”。

一、当前减刑、假释办案概况

司法实践中,减刑、假释案件从监区呈报、监狱提请到法院作出裁定,主要分为以下几个环节:(1)监区拟呈报环节,减刑、假释工作启动后,首先由监狱各监区对所在监区符合减刑、假释条件的人员进行排摸,结合服刑人员的日常改造表现进行择优排序后,研究

---

* 课题组组长:李勤,江苏省盐城市人民检察院党组成员、副检察长;课题组成员:赵萍,江苏省盐城市大中地区人民检察院检察长;张洪桃,江苏省盐城市人民检察院第四检察部主任;季军,江苏省盐城市大中地区人民检察院办公室主任。

拟呈报减刑、假释名单。(2)监狱刑罚执行部门审核环节，各监区将研究意见和每个服刑人员的计分考核、行政奖励等卷宗材料报送监狱刑罚执行部门审核，刑罚执行部门审核后集体研究提出初步审查意见，在提交监狱减刑假释评审委员会评审的同时，将意见和相关材料报送检察机关审查。(3)监狱减刑假释评审委员会评审环节，监狱减刑假释评审委员会对减刑、假释建议进行评审，提出评审意见。(4)监狱长办公会环节，监狱减刑假释评审委员会完成评审和公示程序后，将拟提请减刑、假释的建议送检察机关征求意见后，报请监狱长办公会审议决定。(5)提请环节，监狱长办公会对提请减刑、假释的建议进行逐案审议后，提请人民法院裁定。同时将建议书副本报送检察机关。对职务犯罪罪犯、金融犯罪罪犯、涉黑犯罪罪犯等重点罪犯，在监狱长办公会之后，还需将相关材料报送省监狱管理局审核，经审核后，提请人民法院裁定。(6)法院审理环节及裁定环节，法院在收到减刑、假释建议书后，通过书面或开庭方式进行审理，一个月内作出裁定，案情复杂或者情况特殊的，可以延长一个月。

办案实践中，检察机关对减刑、假释活动的监督，包括对减刑、假释提请活动的监督，对法院审理活动的监督，以及对减刑、假释裁定活动的监督。具体包括：(1)对监狱刑罚执行部门的初审意见及相关材料进行初步审查，制作减刑、假释案件检察意见书。(2)列席监狱减刑、假释评审会，发表减刑、假释案件检察意见。(3)对监狱拟提请减刑、假释建议及相关材料证据进行审查，形成减刑、假释征求意见审查报告，逐案向监狱发出减刑(假释)提请活动检察意见书。(4)结合前期审查情况，对监狱提请减刑、假释建议书副本及证据材料进行审查，逐案向法院制发减刑(假释)提请检察意见书。(5)对减刑、假释案件审理活动进行监督，开庭审理减刑、假释案件的，派员出席法庭，对证据发表意见，对罪犯、证人发问，发表检察意见，并对法庭审理活动是否合法进行监督。(6)对减刑、假释裁定书副本进行审查，发现裁定存在不当情形的，监督法院予以纠正。

当前，对减刑、假释实质性监督与以往"办事型"监督模式的主要区别，在于更加注重对罪犯确有悔改表现证据材料的全面审查核实，更加强调与相关人员"面对面"的谈话交流，更加注重发现一般性违法违规问题背后的深层次问题。通过开展实质性监督，才能更加全面客观地掌握对罪犯是否真正"确有悔改表现"，确保监督意见的质量和精准度，适应人民群众对刑罚执行公平公正更高要求，推动公平正义目标更好地实现。

二、开展实质性审查的具体模式

开展减刑、假释实质性监督，应当区分不同案件，综合采用不同监督方式，确保突出重点，繁简分流，确保实质性监督质效。

(一)明确重点案件范围提升实质性监督质效

为明确监督重点，提高监督效率，可考虑将以下案件纳入实质性审查的案件范围，包括：(1)"三类罪犯"报请减刑的案件。(2)因立功、重大立功表现报请减刑的案件。

(3)报请减刑的起始时间、间隔时间或者减刑幅度不符合一般规定的案件。(4)减刑、假释提请和人民法院立案后公示期间,罪犯、民警等人员提出不同意见的案件。(5)社会影响重大或社会关注度高的案件。(6)报请假释的案件。(7)检察机关认为有必要开展实质性审查的其他案件。

上述减刑、假释案件涉及的人员或为"有钱人""有权人",或者社会关注度高、社会影响恶劣,一旦把握不精准,极有可能导致人民群众对司法公正予以质疑,因此必须作为检察机关实质性监督的重点。

(二)"书面审查+调查核实"是实质性监督的主要方式

1. 对刑罚执行部门初审意见及相关材料审查时,应注重对面上情况的掌握,针对书面审查中发现的疑点、问题,逐案进行重点监督。(1)书面审查减刑、假释呈报表,对呈报减刑、假释人员的基本信息进行审核,包括减刑起始时间/间隔日期、历次减刑情况、奖惩情况、财产性判项及履行情况、月消费额、减刑假释比、监区意见、刑罚执行部门意见等内容。(2)经过书面审查,发现存在减刑、假释起始、间隔时间不符合一般规定的,服刑期间获得多次减刑的,考核期内获得较多扣分和行政惩处的,减刑假释比过高的,刑罚执行部门审核时提出不同意见的,以及有关事实需要进一步查证的案件,应当逐案审查相关证据材料,逐案制作阅卷笔录。(3)针对初步审查情况,制作减刑、假释案件检察意见书,内容包括:①对本批次减刑、假释呈报工作的评价;②对经过初步审查,针对具体个案的意见和建议;③对减刑、假释呈报工作程序方面的意见和建议;④下一步监督意见,明确将继续通过审查证据材料、谈话调查等方式,做好本季度罪犯减刑、假释监督工作。

对刑罚执行部门的初审意见及相关材料的审查工作,应当在监狱减刑、假释评审会召开前完成,检察机关列席减刑、假释评审会时,应当发表检察意见。

2. 减刑、假释评审会召开后,检察机关应全面启动实质性监督。(1)逐案审查每一件案件的卷宗材料,包括:①提请、审核材料,包括提请减刑(假释)意见、提请减刑(假释)审核表等。审查重点在于内容是否全面,意见是否明确。②罪犯原判、入监、历次刑罚变更执行等基本信息材料,包括原审裁判文书,罪犯入监登记表,考核期内调动相关材料,历次刑罚变更执行相关材料,证明未成年犯、老年犯身份信息的相关材料,患病、残疾及基本丧失劳动能力罪犯的鉴定材料等。审查重点在于,围绕罪犯的罪名、年龄、身体情况等内容,查看从起始时间、间隔时间、幅度、考验期等方面是否符合要求,重点关注考核期内跨监狱、跨监区或者岗位调动的原因。③罪犯考核周期内的改造表现材料,包括证明罪犯确有立功、重大立功表现的证明材料,罪犯计分考核台账,加扣分明细表,罪犯奖惩审核表,罪犯评审鉴定表,择优呈报排序表,认罪悔罪书,改造小结等材料。围绕罪犯获得的表扬所依据的等级评定、考核分的真实性和合法性,注重审查加扣分的具体明细和事由,仔细甄别考核分数的来源及其合理性。对罪犯奖惩审批表,注重审查奖惩依据及意见是否明确,审核是否规范;对罪犯考核结果运用审批表,注重审查行政奖励与罪犯等级评定认定的表现是否一致。对罪犯减刑、假释择优呈报排序表,注重审查罪犯行政奖励、考核等次、考核周期内扣分、月平均考核得分等影响罪犯择优排序的因素等;对应当由罪犯自书的材料,是否由本人书写、由他人代写的原因等。④罪犯财产性判项履行情况材料,包括证明罪犯应当承担财产性义务的材料,如原审法院裁判文书、执行通知书等法律文书,罪犯对赃款、赃物去向的情况说明等;证明罪犯履行能力的相关材料,如罪犯入监时的财产申报表,低保户证明或者县级以上民政部门出具证明罪犯家庭困难的证明材料,法院终结执行裁定文书等;证明罪犯履行情况的证据材料,如监察机关和司法机关出具的票据凭证,被害人、附带民事诉讼原告人出具的收条、收据等;未履行或未全部履行财产性判项罪犯的狱内收入和消费情况的相关材料,包括处遇标准、大账余额及收入支出明细、月均消费总额和消费明细等。重点审查罪犯是否有履行能力,有履行能力的罪犯是否全部或部分履行了财产刑、未履行财产刑的原因;司法实践中,有些罪犯的月均消费从账面上看确实没有超过监狱设定的标准,但在审查中还要关注是不是存在借他人账户消费的情况。⑤监区和监狱出具的拟提请假释罪犯再犯罪风险评估材料和地方县级以上司法行政机关出具的社会调查评估材料。对拟提请假释罪犯,应结合罪犯犯罪的具体情节、原判刑罚情况,改造中的一贯表现以及年龄、身体等情况,综合考量其是否符合假释条件。⑥公示期间的异议材料和对异议的处理情况材料等。重点关注是否存在将不符合减刑、假释条件的罪犯呈报减刑、假释,以及是否存在罪犯行政奖励、计分考核等条件优于或与被提请减刑假释服刑罪犯相当,但未被提请减刑假释的情况。(2)对经过书面审查,发现现有的证据材料无法证明罪犯确有悔改表现的案件,应当要求监狱补充提供材料并说明情况,经补正仍然无法证明罪犯确有悔改表现的,检察机关还应当围绕疑点问题,与罪犯本人见面谈话了解情况,并与同小组其他罪犯、监管改造民警谈话核实相关情况;针对病残、丧失劳动能力、生活不能自理鉴定方面的问题,必要时可以进行文证审查或重新开展鉴定;对罪犯财产刑履行情况审查时,如因原审裁判涉财判项不明等因素导致罪犯未能全部或部分履行的,应强化与原审法院联系,查明相关情况,督促罪犯积极履行。针对应当开展实质性监督的七大类重点案件,检察机关均应当和罪犯本人及相关人员"面对面"了解核实相关情况。

3. 监狱将提请减刑、假释的建议向检察机关征求意见时,检察机关应当根据阶段性监督工作情况:(1)逐案制作减刑(假释)征求意见审查报告,内容包括被提请减刑(假释)罪犯的基本情况,提请减刑(假释)情况,检察机关阶段性审查认定的事实与证据,需要说明的问题,处理意见等。(2)向监狱制发减刑(假释)提请活动检察意见书,表明经过阶段性审查,罪犯目前是否符合提请减刑(假释)条件,是否同意将案件交监狱长办公会审核等。

4. 对提请减刑、假释建议书副本审查:(1)重点关注是否存在建议书副本意见与此前评审委员会的结果不一致,或与征求意见环节检察意见不一致的情况,经调查核实,确实存在不当情形的，应当在逐案向法院制发的提请减刑（假释）检察意见书中载明，建议法院依法裁量。（2）对由省监狱管理局提级审核的重点案件，如果省监狱管理局改变了此前监狱的意见，检察机关认为不当的，应当建议监狱及时申请复核，如省监狱管理局仍然坚持原审核意见，检察机关应将此情况层报省级检察机关，由其进行监督。（3）在法院对减刑、假释立案后，裁定作出之前，发现监狱减刑、假释提请活动存在不当情形，或者出现新的情形，罪犯已不符合减刑、假释条件的，或者认为需要对减刑幅度提出调整的等，检察机关应及时向法院提出书面检察意见。

5. 对法院审理活动的监督：（1）庭审前全面熟悉案情，掌握证据情况，拟定法庭调查提纲及出庭意见；对监狱提请减刑、假释建议有异议的案件，应当收集相关证据，建议人民法院通知相关证人出庭作证；关注应当或者有必要开庭审理的案件是否开庭审理，除了上文中提到的七大类案件，对监狱减刑、假释提请建议书与检察机关意见存在分歧、检察机关向法院提出书面意见的案件，监狱向法院报请减刑、假释之后，有新证据、新情况对罪犯减刑、假释产生较大影响的案件，以及其他需要通过开庭审理进一步核实的案件，都应当开庭审理。（2）庭审环节，应通过法庭调查，进一步核实罪犯的认罪悔罪态度、服刑期间表现、财产性判项履行情况以及假释后对所居住社区影响等内容；对监狱提请减刑、假释建议有异议或有疑问的，经审判长许可，可以就相关证据发表意见，出示相关证据，申请证人出庭作证，要求执行机关代表、社区矫正机构代表出示证据或者作出说明，向罪犯、证人、鉴定人发问并发表检察意见；认为需要进一步调查核实相关事实、证据，补充鉴定或者重新鉴定，或者需要通知新的证人到庭的，应建议休庭或延期审理；发现庭审活动违反法律规定的，庭审后依照法定程序向法院提出纠正意见。

6. 对减刑、假释裁定的审查，应严把法律关、程序关：（1）关注裁定结果是否准确，判项是否全面，法律事实表述是否全面，法律条款适用是否恰当，裁定不予减刑假释或调整减刑幅度是否合理。（2）从细微之处着手，审查裁定文字表述是否规范，罪犯裁定减刑后的刑期是否准确，送达执行和文书公开是否及时、规范，以切实维护裁判文书的严肃性和权威性，保障罪犯的合法权益。（3）发现法院裁定存在不当情形的，应及时向制发检察建议书或纠正不当减刑（假释）裁定意见书，要求法院就裁定不规范内容进行更正、补正，或另行组成合议庭重新审理。

三、实质性监督中应当注意的几个问题

（一）关于减刑、假释实体条件——确有悔改表现认定把握的相关问题

1. 精准把握“可以减刑、假释”实质条件。起始时间、间隔时间和行政奖励的设定是“可以减刑、假释”的形式要件，罪犯是否真正“确有悔改表现”才是实质要义。在审查减刑、假释案件时，不能仅停留在减刑起始时间、间隔时间、行政奖励、幅度、最低服刑刑期、实际执行刑期等“硬杠杠”上，要更加注重审查劳动改造、监管改造等客观方面表现和思

想改造等主观方面表现,综合判断罪犯是否确有悔改表现。具体审查中,需要执法司法机关以能动司法的法治理念,不拘泥于法律条文的限定,在起始时间、间隔时间等基本条件认定清楚的基础上,准确把握可以减刑的立法原意、精神实质,将天理、国法、人情有机融合于办案过程。

2. 对服刑期间存在违纪违规行为的罪犯,在认定其是否“确有悔改表现”时,应符合社会普遍价值判断。司法实践中,对罪犯服刑期间一两次被扣较多考核分的罪犯,通常会认为改造表现不好予以从严把握。但对一两次被扣较多考核分与“大错不犯,小错不断”的罪犯相比,究竟谁的改造表现更差,可能还需要结合个案情况分析,应当结合犯罪的性质和具体情节、社会危害程度、交付执行后的一贯表现等因素综合判断。

（二）对罪犯财产性判项审查方面的问题

1. 单独民事赔偿义务及履行情况的问题。此类犯罪主要集中在交通肇事罪、故意伤害罪等罪名,罪犯因犯罪行为给被害人造成经济损失或者身体损害,被害人单独提起民事诉讼。对此类罪犯,在审查其民事赔偿义务是否履行时,可以通过查询中国裁判文书网,向原审法院或执行法院调取有关材料,向受害人了解获赔情况等方式,核实罪犯的民事赔偿义务履行情况。同时,建议在省内推进财产性判项执行数据信息共享共用,便于办理减刑、假释案件时,能够及时掌握罪犯财产性判项履行情况。

2. 部分裁判文书对罪犯财产性判项表述不清的问题。部分共同侵财类犯罪的刑事裁判文书财产性判项中,关于追缴或者责令退赔等内容表述过于简单、不够明确,有的依据生效裁判认定的相关事实可以确定具体的金额或者数量,而有的经过计算后仍无法确定。模糊不清的判项内容,影响有履行意愿的罪犯及时履行义务,会对减刑、假释工作的公平公正产生影响。建议人民法院在审理侵财类共同犯罪案件时,在依法确定各被告人主刑的同时,应进一步明确涉财产性判项,特别是判处追缴或者责令退赔的,应根据各被告人在共同犯罪中所起的作用、非法获利、分赃等情况,客观地确定相应的追缴和退赔责任,并在裁判文书中载明各被告人应当承担的追缴或者退赔的金额或财物的名称、数量等内容,由此全面体现司法的权威性和公信力。

3. 关于庭审出庭作证的相关问题。《关于加强减刑、假释案件实质化审理的意见》规定,人民法院审理减刑、假释案件,应当通知罪犯的管教干警、同监室罪犯、公示期间提出异议的人员以及其他了解情况的人员出庭作证。开庭审理前,刑罚执行机关应当提供前述证人名单,人民法院根据需要从名单中确定相应数量的证人出庭作证。证人到庭后,应当对其进行详细询问,全面了解被报请减刑、假释罪犯的改造表现等情况。上述条文规定的是四类人员,但主要的还是罪犯的管教干警和同监室罪犯,建议开庭时上述人员分别出庭。如果并列出庭,很难让同监室罪犯发表与管教干警不一致的评价。

4. 关于扩大假释适用的相关问题。假释对于激励罪犯改造,促进罪犯顺利回归,为社会输出合格产品具有重要意义。对于既符合减刑条件、又符合假释条件的罪犯,优先适用假释。但如果要扩大假释适用，建议从以下几方面着手：(1)承担监管改造职能的监区民警对罪犯的现实改造表现情况掌握最为清楚，为监区在开展每一批次减刑、假释教育动员时，应加大对减刑、假释政策的宣讲力度，鼓励对既符合减刑又符合假释条件的罪犯申报假释。检察机关也可考虑在监区研究呈报阶段提前介入，对监区拟呈报减刑、假释罪犯进行摸排，对既符合减刑条件又符合假释条件的罪犯，建议呈报假释。(2)在审查罪犯是否符合假释条件时，应将罪犯的再犯罪风险评估作为重点予以审查，并从多方面进行综合考量。①从罪犯犯罪的主观恶性、认罪认罚等情况上考虑。通常来说，预谋犯罪的罪犯主观恶性明显大于激情犯罪和过失犯罪的罪犯，认罪认罚程度一般也低于激情犯罪和过失犯罪罪犯。入监前有赌博、吸毒等不良嗜好的罪犯，出狱后回到以前的生活环境，很容易重新走上违法犯罪的道路。②从罪犯服刑期间的一贯表现进行考察。通过调查了解罪犯在服刑期间的改造表现、管教干警、同改罪犯对罪犯改造表现的评价和罪犯是否有违纪等情况进行综合考量。对在服刑期间改造表现不好、有严重违纪情形的罪犯，不予提请假释。③从罪犯出监后能否适应社会上考量。罪犯由于长时间在监狱内服刑，极易与社会发展脱节。出监后如果在短时间内未找到谋生之道，容易铤而走险再次走上犯罪之路。因此，对罪犯假释出监后能否尽快适应社会要有前瞻性评估。④对有被害人的罪犯，需要综合考虑罪犯假释后的社会效果，如是否存在会再次激化罪犯和被害人之间矛盾的可能性。(3)对既符合减刑条件又符合假释条件的罪犯，可以通过组织召开听证会的形式，广泛听取意见，有效构建良性法律互动机制，更好地满足人民群众对监狱执法工作的知情权、参与权和监督权，最大限度赢得社会各界对减刑、假释工作的理解和支持。

四、进一步优化实质性监督的几点思考

(一)扎紧制度篱笆促规范

检察、监狱、法院等职能单位应坚持问题导向，定期围绕怎样进一步严格减刑、假释实体条件的把握，各方职能如何做到有机衔接、职能如何充分发挥等方面开展座谈交流，进一步统一办案理念和执法标准，建立标准化办案机制，形成实质化办理减刑、假释案件合力。每批次减刑、假释案件办结后，应召开季度例会，强化对办案态势的分析研判，从有利于改造"人"、有利于钝化社会矛盾的角度健全完善机制，最大限度地发挥减刑、假释功能，既防范"提钱减刑""以权赎刑"，也避免"应减不减""该放不放"。

(二)立足公开透明铸公信

梳理汇总减刑、假释方面的法律法规、刑事政策，制作《减刑假释事项告知书》《减刑假释事项提醒书》，于每批次减刑假释提请工作启动之前向服刑罪犯进行告知，对一线民警进行提醒，提升减刑、假释工作透明度。针对服刑罪犯对减刑、假释政策不理解或者理解出现偏差等情况的来信，逐一做好说法释理和教育引导工作，让服刑人员口服心服，真

诚悔过，积极改造，必要时应组织对相关案件进行公开听证。

（三）注重融合求实提素能

建立法院、检察、监狱同堂培训制度，交流减刑、假释办案工作中存在的问题，分析存在问题的原因，提出改进问题的举措，强化理念互鉴，促进业务互学，实现减刑、假释办案能力共同提升。出台并落实好办理减刑、假释案件质量细则和检察官职权负面清单，确保检察人员将制约监督的政治责任、法定职责扛起来，将每一件减刑、假释案件当成“天大”的事办实、办好、办优。

（四）坚持驻、巡结合提质效

发挥好派驻检察和巡回检察的融合优势，派驻检察注重发现减刑、假释活动中的一般性不规范、不合法行为，同时强化对罪犯反映的不当和违规减刑、假释问题的分析研判，梳理出易发、多发问题，以及发生问题较多的环节、监区、人员。针对派驻检察中发现的易发多发问题，对减刑、假释工作开展有针对性的专门巡回检察，深挖一般性问题背后可能隐藏的深层次问题和职务犯罪案件线索。

行政公益诉讼调查权问题探析

余爱华　闫振东*

摘要：没有强有力的行政公益诉讼调查权，行政公益诉讼检察工作就没有基础保障。行政公益诉讼调查权不同于侦查权、行政调查权、司法调查权，在实践中与其他权力存在重叠和交叉，需要把握好其能动与谦抑的特点。基于检察监督权的定位，按照调查权所处的不同阶段、不同情况进行扩张或限缩，在一定边界内能动行使调查权，查明事实真相。同时要做好与侦查权、行政调查权、司法调查权的衔接，形成维护国家利益、社会公共利益的合力。

关键词：行政公益诉讼调查权　能动与谦抑　权力衔接

行政公益诉讼作为检察机关的四大检察职能之一，在维护国家利益、社会公共利益中发挥着重要的作用。随着行政公益诉讼工作的深入推进，一些涉及检察办案机制中的问题需要检察机关的配套改革同步开展，《人民检察院公益诉讼办案规则》（以下简称《公益诉讼办案规则》）规定了行政公益诉讼办案的框架，办案中的具体问题还需要进一步深入研究。检察公益诉讼调查权是办案的最基础权力，具有能动的特点，能动调查权的法理基础及行使的方式等需要在理论和实践的层面进一步厘清。同时检察机关的公益诉讼调查权还应保持一定限缩和理性，与其他权力之间做好衔接。

一、权力基础成为重要的影响因素

行政公益诉讼调查权来源于检察机关的行政公益诉权，行政公益诉讼是检察机关作为公诉方代表国家提起的诉讼，在权力配置体系中检察机关是社会公共利益的代表，诉讼构造的格局中自然涉及权利主张、举证责任、证据效力等问题，检察公益诉讼不同于当

* 余爱华，江苏省张家港市人民检察院副检察长；闫振东，江苏省张家港市人民检察院第五检察部副主任。

事人平等主体地位的民事诉讼，也不同于“民告官”的行政诉讼，它是区别于两种诉讼形式之外的独立的诉讼形式。由于该新型诉讼构造尚属新的事物，需要在实践探索中不断地深化认知、修正认知，以形成符合行政公益诉讼规律的诉讼构造具体设计。

（一）检察监督权的性质决定了行政公益诉讼调查权的主动性

行政公益诉讼权是检察监督权的组成部分，其根本在于宪法赋予检察机关法律监督的权力，运用行政公益诉讼的法治方式解决侵害国家利益、社会公共利益的相关问题。实践中，侵害国家利益、社会公共利益的违法行为大多处于隐蔽状态，这些违法行为并不会直接以公开的形式将相关证据展现在检察机关的面前，即使一些违法行为客观存在，但证明事实状态需要检察机关收集大量的材料予以证明。监督权本质上是一种能动的权力，主动对违法行为开展调查，以客观证据证明侵犯国家利益、社会公共利益的行为存在，是检察调查权的第一层面内容，这是开展行政公益诉讼检察的最基础工作。在违法行为客观存在的基础上，还要进一步证明相关行政机关负有相关监管职责，存在不依法履职、未完全履职或怠于履职的行为，这是调查权的第二层面内容。两个层面相互之间存在一定的逻辑关系，这涉及检察机关的论证、推理及分析，这是调查权的第三个层面内容。如果没有充分完整的主动调查权，在第一个层面就证明不了违法行为的存在，行政公益诉讼也就成为无源之水、无本之木。

（二）行政公益诉讼的构造影响到主动调查权的范围

行政公益诉讼的一方是检察机关，另一方是行政机关，双方在法庭上处于对立面。司法裁判处于客观中立地位，在诉讼结构上一直存在原告说、行政公诉说、双重属性说等不同的学术主张。[①] 单一学说的主张都不能完全涵盖行政公益诉讼中检察机关的诉讼主体地位，最高人民法院、最高人民检察院在总结的基础上，目前是以行政公益诉讼人的身份来定位检察机关在诉讼中的主体地位，既没有采用原告的称谓，也没有使用检察公诉人的称谓，而是以在行政公益诉讼中的作用来命名，这种命名方式客观上符合行政公益诉讼的特点，也与这一新型诉讼方式的规律相符。行政公益诉讼人在法庭上首先要证明违法行为客观存在，违法行为本身就成了公益诉讼证明的主要内容，这也是调查权涉及的核心问题，必须使用大量有力的证据揭开违法行为的面纱，在收集证据的过程中必然涉及调查的手段和方式以及取证的内容问题。主动调查权应当是全面的开展案件调查，与案件事实相关的问题均在调查之列，其目的在于证明行政机关应依法履行监管职责。

（三）诉讼请求内容在一定程度上限缩了调查的程度

行政公益诉讼的对象是行政机关，诉讼请求的内容是根据不同的情形，向人民法院提出确认行政行为违法或无效、撤销或者部分撤销违法行政行为、依法履行法定职责、变

---

① 参见重庆市北碚区人民检察院课题组：《行政公益诉讼调查权若干问题探讨》，载《湖北警官学院学报》2020年第2期。

更行政行为等诉讼请求。但检察机关与行政机关的分工不同,检察机关限定在法律监督的职能,并不能替代行政机关行使相关行政权力,客观上决定了检察机关对违法行为的调查是基本违法层面的调查,而对违法行为造成损害的数量、损害的程度等,应当限缩检察机关的相关调查权力,避免对行政调查权取而代之。检察机关的诉讼请求也应限定在一定的范围,不能提出违法行为人承担具体义务或者减损具体权益的事项。诉讼请求的有限性决定了调查权的有限性,在能动性的基础上还要把握一定的范围和边界,不仅是基于对司法资源节约的考察,还来自检察监督权与行政权的权力分配。

二、行政公益诉讼调查权与相关权力的关系

行政公益诉讼调查权首先接触的是行政相对人的行为,在开展调查过程中采取的措施手段等,与侦查权、法院的司法调查权等较为相似,其目的均为通过客观证据揭露事实真相,证明客观违法事实存在,但行政公益诉讼调查权具有自己独立的特征,性质上与其他权力存在本质不同。行政公益诉讼调查权与其他权力之间存在密切的联系,刑事诉讼权力分配强调的是相互配合、相互制约的关系,这种关系同样也适用于行政公益诉讼调查权与刑事案件调查权、司法调查权、行政机关调查权,四者之间存在一定的权力边界,但四者之间也存在一定的交叉,在本质上四者是一个办案程序相互衔接的过程,同时四者也是一个相互监督制约的关系。行政公益诉讼检察大部分案件最初始于检察机关的调查权,随后通过检察建议的形式启动行政机关的调查权,对于构成犯罪的违法行为通过两法衔接进入公安机关侦查权,最后有可能进入行政诉讼或刑事诉讼环节。在整个办案的流程中,检察机关法律监督的地位一直保持不变,基于监督权而产生的调查权贯穿办案始终,这样就会和其他权力之间产生交叉和冲突,检察机关调查权必须厘清与其他权力的不同。

(一)与刑事案件侦查权的关系

行政公益诉讼调查权在行为性质上类似于刑事案件侦查权,如在调查方式上,都具有一定的秘密性特点,揭露隐藏在经济交往、社会生活中的违法行为。实践中与违法行为斗智斗勇,多采取隐蔽性调查的手段,一旦检察机关正式进入调查现场或者接触调查对象,违法行为就会立即停止,有的证据也会转移,在该阶段又缺乏强有力的调查手段,就很难取得有力的证据证明行为的违法性。客观条件决定了行政公益诉讼调查权在特定阶段必须采用隐蔽调查的手段,在这一点上和刑事案件侦查权较为相似。同时行政公益诉讼调查对象与刑事案件侦查的对象重合概率较高,二者可以相互转化,当前检察机关办理的行政公益诉讼案件大要案较多,以生态环境领域、资源保护领域案件为主,这些领域的违法行为经过行政公益诉讼调查、行政调查、刑事案件侦查三个环节后,往往能转化为刑事案件。《公益诉讼办案规则》明确限定了调查权不得采取限制人身自由或者查封、扣押、冻结财产等强制性措施,这是与侦查权强制性特点最明显的区别,公益诉讼调

查具有一定的未知数，面对的调查对象也有可能不违法，如不对公益诉讼调查权进行恰当的限制，会对正常的经济行为造成干扰，也与检察监督的权力定位不相适应。在与刑事侦查权的衔接上，既要把握二者的本质不同，又要做好工作机制上的衔接，做到两种权力的相互补充、相互支撑。

（二）与司法调查权的关系

司法调查权是法院在审判工作中为查明案件事实真相所采取的调查手段，鉴于法院裁判行为的被动性特点，司法调查权只有在必要的情况下才主动去调查，案件事实大多数情况下由负有举证责任一方证明主张。《民事诉讼法》、《行政诉讼法》均对司法调查权作出了明确规定，并且赋予了罚款、司法拘留等保障措施，为司法调查权提供了坚强的保障。行政公益诉讼调查权所处的阶段与司法调查权不同，行政公益诉讼调查权处于案件的全部阶段，司法调查权处于最后的裁判阶段。二者追求的目的也不同，行政公益诉讼调查权目的是证明违法行为客观上损害了国家利益、社会公共利益，司法调查权目的在于查明案件真相，为司法裁判提供证据支持。司法调查权的保障性措施更加优于行政公益诉讼调查权，在调查所取得的证据效力上也有着明显的区别，行政公益诉讼调查权所取得的证据为行政公益诉讼人的单方证据，司法调查权的证据可以为双向的证据。

（三）与行政调查权的关系

行政调查权是行政机关行使行政监管权的基础，不同的法律、行政法规根据行政权的性质赋予了行政机关不同的调查权，这些调查权概括起来主要包括进入场所检查、勘验、鉴定、询问、查封、扣押等措施，调查权的种类基于违法行为的阶段和行为的性质而决定，如对环境污染类的调查措施具有强制性特点，不需要经过被调查人的同意，可以随机进入被调查对象的场所进行检查，被调查人具有配合的义务，提供相关资料供行政机关查阅，这种规定主要是因为被调查人具有保护生态环境、依法规范生产管理的义务。行政公益诉讼表现出兜底性或补充性功能，也就是只有在出现“不得不”“必须”等情形时才可以提起公益诉讼。[①] 行政公益诉讼调查权所处的阶段与行政调查权具有交叉重合，如行政调查权未开展，行政公益诉讼调查权则先于行政调查权，二者有可能同步进行，行政公益诉讼调查权也可能发生在行政调查之后。在证明的内容上，公益诉讼调查权的内容原则上小于行政调查权，只需要证明到违法行为的存在，而涉及一些案件的细节问题如污染物的性质、损害的程度等，只有在行政调查权未充分行使的前提下，行政公益诉讼调查权才可以进行相应的补充。行政公益诉讼调查权既不能取代行政调查权，需要保持一定的克制与谨慎，在行政机关不充分行使调查权时，又要进行一定的权力扩张，证明行政机关未依法充分履职。

---

① 参见谭家超：《行政公益诉讼的制度逻辑与发展》，载《广东行政学院学报》2020 年第 6 期。

三、能动与谦抑之间的平衡

行政公益诉讼的性质客观上决定了调查权要在能动与谦抑之间把握好平衡,实现公益诉讼的主张必须客观全面调查案件事实,而又不能取代行政机关的调查职责。现有办案规则对公益诉讼调查权赋予的调查措施有限,检察机关在相关专业领域又缺少相关的经验,客观上必须依赖于行政调查权才能获得案件事实真相,在委托鉴定、现场勘察等领域都需要专业的知识,这些本身就是行政机关的法定职责所在。检察机关与行政机关并非单纯的监督关系,而是在协作中监督、在监督中协作。能动与谦抑之间把握平衡,本质上是落实"双赢、共赢、多赢"监督理念的具体举措。

(一)能动调查的限缩条件

行政公益诉讼的最佳状态是督促行政机关依法履职,把问题解决在诉前阶段,督促依法履职的前提是检察机关发现违法行为存在。行政公益诉讼调查权在对相关线索分析后必须保持主动出击的姿态,体现调查权的主观能动性,公益诉讼检察官走向现场了解情况,而不是坐堂问案,等待证据上门。对线索的分析研判环节至关重要,该环节应限缩在检察机关对事实和证据的初步调查核实,避免接触行政相对人和行政机关,以免有所触动。在初核之后,应当按照《公益诉讼办案规则》的要求制定调查方案,确定调查思路、方法、步骤以及拟收集的证据清单等,紧急情况下还应立即联系行政机关、专业鉴定机构,及时固定证据。对在公益诉讼调查中发现触犯刑事法律规定的犯罪行为,统筹刑事检察监督职能,综合运用四大检察力量,监督公安机关立案。能动调查的限缩应根据案件情况不同而设定调查的范围,行政机关未发现行政违法行为的,检察机关的公益诉讼调查权仅限缩在违法行为存在的客观事实上,至于违法行为的程度、范围、规模、行政处罚的数额等涉及行政机关调查权限的内容,检察机关应保持相对克制的姿态,交由行政机关行使。检察机关不能大包大揽,过多地行使调查权,在基本违法事实查清的情况下交由行政机关依法启动行政调查权。对于行政机关已经处理,但属于未依法履职、未充分履职的情形,检察机关在行政机关调查的基础上可以扩大调查范围,主要调查未依法履职、未充分履职的证据,此种情况下调查权的范围可以适当放大。此外,行政公益诉讼不同阶段的调查权也应有所不同,诉前检察建议调查权与诉讼阶段调查权、诉前整改评估阶段调查权的内容都应进行区分,在调查的重点上应有所侧重,诉前检察建议调查权以调查违法事实、违法后果为主要目标,诉讼阶段调查权以行政机关是否作为为调查重点,在初步调查的基础上还应当适当了解行政机关不作为、乱作为的原因和后果,诉前整改评估阶段调查权主要是调查行政机关整改是否到位、违法行为状态是否消除、行政权行使后达到的社会效果,突出整改落实成效。

(二)能动调查的步骤解析

从大的办案流程来看,与行政公益诉讼流程相衔接的流程包括行政调查、公安机关刑事侦查等;从行政公益诉讼内部办案流程来看,常规的行政公益诉讼案件办理主要包括线索初核、立案调查、发出诉前检察建议、诉前建议整改、起诉审查等阶段。每个阶段所要把握的方向均不同，对于案情较为简单的案件，在线索初查阶段就能判断出违法行为是否构成犯罪；对于疑难复杂的案件，对于行为是否违反行政法规就需要开展较为烦琐的调查工作。如污染环境的行为在实践中非常复杂，有的违法行为需要抓住现行才能确认，有的排污行为并不是处于持续状态，采取夜间偷排偷放的方式，有的取得了排污许可证，但排放的物质超标，对于这些违法行为的调查就必须联合行政机关采取突击检查的方式，甚至可以综合发挥检察监督职能督促多家行政机关共同开展调查。现实中的行政公益诉讼以解决具体实际问题为导向，每一个步骤下的调查权行使应根据案件情况灵活适用。线索初核阶段以秘密调查方式为主，不接触相关案件当事人，从外围收集证据，调取相关行政资料。在立案调查阶段可以进入涉案场所，采取拍照、录像等方式及时固定证据，对相关被调查人员开展询问，对于现场发现的违禁物品可以采取证据保全措施。在诉前检察建议、起诉审查等阶段可以进行更为全面深入的调查，如委托第三方鉴定机构对相关专业问题进行鉴定，对违法现场整治情况开展专业评估等。

（三）能动调查的衔接问题

行政公益诉讼调查权的能动衔接是检察监督权能动衔接的组成部分，在检察机关内部行政公益诉讼调查权与立案监督、行政违法行为监督等权力具有内在的联系，行政公益诉讼调查发现的问题应移交给相应的行政检察、刑事检察等部门，畅通内部信息流转，形成检察监督的合力。任何一项检察监督权力都是一个内在的整体，必须依靠工作机制形成全局性的工作合力，在检察机关内部应打破部门局限，真正做到检察长统一领导下的分工不分家，使四大检察职能保持整体性。在外部衔接上，行政公益诉讼调查权应当加大与行政机关、公安机关、第三方检测机构的协作配合，协作配合中把握好工作的阶段与配合内容，在线索初核、立案调查阶段尽量以检察机关独立调查为主，在发出诉前检察建议、诉前整改阶段中加强协作配合，在起诉审查阶段保持相对的独立性，可以要求相关行政机关予以配合，主要是自身开展独立的调查。在证据的衔接上，检察机关应综合收集各类机关调取的材料，全面进行分析研判，多角度进行审查，准确作出事实认定。

海洋公益诉讼检察一体化办案机制初探

——以江苏省海州湾湾区及海域生态环境治理为样本

江苏省连云港市连云区人民检察院课题组*

摘要:海洋是地球表面被陆地分隔而又彼此沟通的水体,是由海水、海洋生物、海域、湿地等要素构成的生态系统,海洋环境污染具有污染源广、持续性强、扩散范围大和治理难等特点。检察机关开展"守护海洋"检察公益诉讼工作,面临着办理力量不足、一体化办案实践较少以及机制建设缺乏刚性约束等问题。因此,应坚持系统观念,建立检察一体化办案机制,注重协同治理、源头治理,助推海洋高质量发展。

关键词:海洋生态环境　公益诉讼检察　一体化办案

党的十九大报告中提出,实施区域协调发展战略,坚持陆海统筹,加快建设海洋强国,实施流域环境和近岸海域综合治理。最高人民检察院连续三年在《公益诉讼检察工作要点》中提出"加强一体化办案机制建设"的要求,反映出一体化办案机制需不断加强并常态化运用于公益诉讼检察工作中。在海洋公益诉讼检察工作中加强一体化办案机制建设,契合马克思主义系统观等基本原理,符合习近平生态文明思想关于山水林田湖草沙是生命共同体等工作理念,更是海洋生态文明保护注重系统治理、源头治理的内在要求。本文以江苏省海州湾湾区及海域公益诉讼检察实务为例,列举具体事例案例,分析原因,提出对策,探讨如何深入推进并完善海洋公益诉讼检察一体化办案机制。

---

* 课题负责人:陈长春,江苏省连云港市连云区人民检察院党组书记、检察长;课题组成员:田耘东,江苏省连云港市人民检察院办公室副主任;白翔文,江苏省连云港市人民检察院检察官助理;马萌,江苏省连云港市连云区人民检察院检察官助理;邹培,江苏省连云港市连云区人民检察院检察官助理。

一、海洋公益诉讼检察一体化办案机制建设的可行性分析

学术界及司法实务界对检察一体化办案机制的研究和实践积累颇丰，归纳其实质在于构建一种“总体统筹、纵向贯通、横向协作、内部整合”的工作方式。① 参照检察一体化办案机制界定海洋公益诉讼检察一体化办案机制，可以定义为：新时代贯彻习近平建设海洋强国重要论述，为提高经略海洋的检察履职效能，检察机关按照检察工作整体性、统一性和系统性要求，形成的上下级检察院之间上令下从、同级检察院之间相互协作、各检察院内设部门之间支持配合，统一行使检察权机制。②

（一）实践需要

海洋生态环境损害具有污染源广、持续性强、扩散性大和预防治理难等特点，损害不受行政区划限制。2018 年 11 月，生态环境部等三部委针对环渤海区域环境治理，印发《渤海综合治理攻坚战行动计划》，协同三省一市，共 13 个沿海城市，以恢复特定海洋生态环境系统为目标开展为期三年的渤海生态环境综合治理行动，为我国海洋生态环境治理提供实践经验。最高人民检察院 2021 年 8 月发布的“检例 111 号”指导性案例，即海南省海口市人民检察院诉海南 A 公司等三被告非法向海洋倾倒建筑垃圾民事公益诉讼案，为海洋生态环境保护提供了保护的路径。此外，最高人民检察院直接办理的第一起公益诉讼案件万峰湖专案，也是检察一体化办案的示范，形成了跨区域协同治理的合力。

得益于先例的经验积累，本文探讨的江苏省海州湾湾区及海域生态环境治理也有可行性做法可循。因江苏、山东两省边界海域跨区划非法捕捞的违法行为多发，既侵害海洋渔业资源，又损害了海洋生态环境，2020 年，山东省日照市岚山区人民检察院③与江苏省连云港市赣榆区人民检察院签订《非法捕捞刑事附带民事公益诉讼工作的协作机制》（以下简称《协作机制》），统一两地检察机关所在黄海海域非法捕捞刑事立案标准，推动海洋生态环境治理，探索海洋公益诉讼检察一体化协同办案。

（二）政策引导

作为国家首批沿海开放城市之一，连云港市深入贯彻并不断丰富建设海洋强国，强化向海发展，加快海洋强市的现代化步伐。2018 年，国家海洋局、民政部《我国部分海域海岛标准名称公告》首次正式以“海州湾”命名我国沿海海湾，坐标定位于江苏省连云港市赣榆区海头镇附近湾区。2022 年 1 月，连云港市自然资源和规划局印发《连云港市国土空间总体规划（2020—2035 年）》（以下简称《规划》），加强陆海统筹，提高国土空间现代化治理水平，将“海州湾”作为连云港海洋高质量发展的名片。据此，海州湾范围由连

---

① 参见孙谦：《中国特色社会主义检察制度》，中国检察出版社 2009 年版，第 28 页。

② 连云港市人民检察院《关于印发〈连云港市检察机关关于推进检察一体化机制建设的实施意见（试行）〉的通知》（连检发〔2022〕7 号）。

③ 岚山区与赣榆区位于山东省与江苏省交界地带，东临黄海，隔河相望。

云港市赣榆区海头镇附近海域扩大至连云港全域湾区，横跨四个县(区)。该《规划》以习近平生态文明思想系统观念为指导，优化海滨城市功能布局的同时，也对执法司法机关一体化保护海州湾发展提出更高要求。

(三)办案需求

检察公益诉讼制度是一项非常具有中国特色的制度，最高人民检察院制定的《人民检察院公益诉讼办案规则》(以下简称《办案规则》)第 11 条专门规定了公益诉讼检察一体化办案机制，“人民检察院办理公益诉讼案件，实行一体化工作机制，上级人民检察院根据办案需要，可以交办、提办、督办、领办案件。上级人民检察院可以依法统一调用辖区的检察人员办理案件，调用的决定应当以书面形式作出。被调用的检察官可以代表办理案件的人民检察院履行调查、出庭等职责”。该公益诉讼一体化办案机制中上级院“交办、提办、督办、领办案件”及“调用办案人员”的规定符合海洋公益诉讼参与海洋生态环境综合治理的办案要求，同样对检察机关办案能力有着较高要求。

伴随着区域经济社会发展对海洋开发的需求进一步加大，跨区域海洋污染案件逐渐增多，以连云港市检察机关在江苏省海州湾海域开展非法侵占海域公益诉讼专项活动为例，因海州湾海域存在海域使用权超期、未经审批使用海域、未按期缴纳海域使用权金等违法情形，案件线索、调查取证、分析违法情形等相关工作需全市统一开展，这就需要市级检察机关调用基层办案人员参与办案初期案件线索评估、调查取证工作，并以“参与干警随案”分配的方式将案件交办至基层院，便于前期办案人员实质性参与办案全过程，有利于节省办案资源，提高办案质效。

二、海洋公益诉讼检察一体化办案机制建设的现状

(一)办案力量相对不足

以连云港地区为例，连云港市人民检察院和辖区 7 个基层院，单设公益诉讼检察部门的有 4 家，共有公益诉讼检察干警 60 人，平均每院近 8 人。人数较多的院有 4 名员额检察官，较少的院只有 1 名。公益诉讼办案力量不足、分布不均等问题明显。另外，海洋公益诉讼涉及面广、专业性强，需要掌握环保、海洋相关行政法规，检察人员业务知识储备不足。因此，针对重大、疑难、复杂的公益诉讼案件，通过一体化办案机制整合办案资源尤为必要。

(二)检察机关横向、纵向协同办案实践较少

通常意义上说，检察一体化是解决上下级检察院、同级检察院、“四大检察”、“十大业务”及检察官之间合理关系的重要机制，具有独立性、统一性、整体性等基本特征。推进一体化办案机制，根本目的在于聚合检察资源，形成履职合力，提升法律监督效能。如

2022年3月,连云港市人民检察院《关于印发〈连云港市检察机关关于推进检察一体化机制建设的实施意见(试行)〉的通知》(以下简称《实施意见》)中规定两级院协同建立公益诉讼办案一体化机制应加强“联动办案”。“联动办案”应理解为实质性参与调查取证、案件讨论、法律文书制作等办案程序,实践中,两级院上下联动、基层院横向协作办理的有影响案件少,典型案例引领示范作用不显著。一方面,上级院实质性参与基层院办案的调查取证、案件讨论等程序较少,基层院跟进办理已经移送上级院的案件线索不足,在一定程度上影响办案质效。另一方面,基层院跨行政区划横向协作受到案件交办管辖、刑事民事程序衔接不畅等因素影响,缺乏有效激励措施,协作效率不高。

(三)机制建设缺乏刚性约束

跨区域海洋公益诉讼案件的办理涉及水文、大气等多种环境因素,而环境要素具有流动性与复杂性,针对海洋环境跨行政区域的特点,检察机关需要及时、迅速地认定环境损害的事实并固定证据,否则面临救济不能的风险。此外,检察机关在办理环境公益诉讼案件中往往承担着较为繁重的证明责任,这就对技术办案提出了较高的要求。在跨区域海洋环境污染与生态环境破坏案件中,侵权行为地、损害发生地极易在多地产生,检察机关办案需要与行政机关、专门组织协作。虽然我国法律赋予了检察机关调查核实权,但是没有配备刚性保障。法律后果是权利义务合乎要求地实施的后果或未必合乎要求地实施的后果,是法律规则刚性约束的保障。① 无论是《人民检察院组织法》还是《办案规则》,都从检察一体化办案的正当性和优越性方面指出适用一体化办案有利于提升办案质效,却没有相应的法律后果。

三、海洋公益诉讼检察一体化办案机制建设的建议

(一)制定专门办案机制

良好的制度设计是机制高效运行的基础,制定专门的海洋公益诉讼检察一体化办案规范,发挥好制度性要素的指导和规范性作用,是完善海洋公益诉讼一体化办案机制的有效路径。② 最高人民检察院《办案规则》从顶层设计的高度明确上级院具备“交办、提办、督办、领办案件”及“调用办案人员”的权力,且被“调用”办案人员可以实质性参与实际管辖的办案检察机关的办案过程。根据《办案规则》的规定,结合公益诉讼办案实际和情况发展,还可进一步完善公益诉讼一体化办案机制,细化调查取证权限、提起诉讼的范围、适用条件的规则。譬如连云港市人民检察院《实施意见》,根据海州湾湾区及海域实

① 参见赵树坤:《我国法理学中“法律规则”论拷问》,载《法学论坛》2013年第5期。

② 参见钟晓云、李庆、易亚东:《公益诉讼一体化办案机制研究——以重庆市人民检察院第二分院辖区实践为样本》,载《中国检察官》2019年第17期。

践需要，在海洋公益诉讼一体化办案机制构建中，着重细化市院指派人员办案、基层院协同办案、刑民部门协同等办案流程，制定专人负责案例培育、责任落实及督导检查等工作。涉海洋检察机关还应加强海洋生态环境公益诉讼案件中与其他涉海洋工作部门的协作与配合，携手应对面临的共性问题，同时建立与其他司法机关与行政部门的横向协作机制，实现优势互补、联防联控，形成保护合力。

（二）提高机制运行效率

跨区域环境治理检察协同需要构建相应的机制和制度，在具备科学完备机制的基础上，提高机制运行效率的因素在于专业人才的培养、机制的灵活运用及责任落实的考核。一是建立经略海洋师资人才库，通过定期开展专题培训、挂职办案、案例宣讲等形式，形成人才共同培养机制。二是建立规范又灵活的运行模式。规范上级院派员参与、同级院协同办案等办案程序，确保一体化办案不走流程、不搞形式主体，同时应注重处理好上下一体办案与基层院独立办案的关系，防止“上级院集中办大案，基层院无案可办”的问题，理顺一体化办案与普通办案的关系，充分利用一体化办案机制办理疑难、复杂、重大案件，而不是所有案件都办，规范机制运行的办案范围。三是建立权责分明的考核机制。条块考核的方式间接造成部门间“以邻为壑”“各自为政”现象，因此一体化办案机制将部分案件的管辖上提或者交办，赋予某一公益诉讼办案部门案件管辖权的同时，也应强化办案考核，明确一体化办案机制落实不力的责任追究机制。

（三）推动社会协同治理

区域是一个以行政区划为基础，但又超越行政区划的经济地理概念。[①] 根据协同论可知，合理的治理结构能够充分协调内部资源，达到 1 + 1 > 2 的效果，为推动跨区域环境公益诉讼的利益最大化、效果显著化。近年来，《粤港澳大湾区发展规划纲要》和《长江三角洲区域一体化发展规划纲要》等区域发展规划都将区域高质量发展作为核心内容。对此，海洋公益诉讼检察一体化办案强调检察权统一运行，是回答区域海洋协调发展、高质量发展的科学方法。然而，无论是从实际办案需要，还是从公益诉讼检察双赢多赢共赢的办案理念出发，公益诉讼检察一体化办案机制还应兼容对外协作。一方面，建立湾区及海域执法司法一体化协作机制。加强省市级检察机关在全省、全市范围内更高层次、更宽领域的指导推动，在会议交流、个案沟通等层面进一步深化执法司法办案协作，统一立案标准、证据采信、裁判标准、异地执行等，实现行政监管与环境司法无缝对接，形成海洋生态文明保护合力。另一方面，促成社会公众参与湾区及海域治理。在强化执法司法协作的同时，借智借力“外脑”，提升海洋公益诉讼公信力和影响力。巧借高校、科研院所

① 参见全永波：《海洋环境跨区域治理的司法协同与救济》，载《中国社会科学院大学学报》2022 年第 4 期。

的专业知识提高办案质效,将实践中有益经验进行梳理、整合上升为制度、规范,推动环境保护工作规范化发展。此外,充分利用网格化治理平台、检察云平台等调动社会公众参与,制作普法动漫鼓励社会公众保护海洋环境的行动自觉。

检察机关介入监护侵害或缺失案件路径探析

房　栋　徐　瑾　邵　婧*

摘要：父母实施监护侵害或存在监护缺失，或者客观上无法监护，根据国家亲权理念和儿童利益最大化原则，国家公权力应当介入并干预家庭监护。目前，检察机关办理监护干预类案件遇到法律依据不足、办案模式有待完善等问题。以检察实务为视角，可以归纳出介入监护干预案件的不同类型，并可从一体化办案模式、健全法律规定，构建社会化未成年人监护监督制度，不断完善对监护侵害的打击和未成年人权益的保障。

关键词：检察机关　监护侵害　监护确实　介入监护干预

未成年人监护制度是对未成年人的人身、财产及其他合法权益进行监督和保护的一项重要民事法律制度，其关系着未成年人的生存发展和合法权益保障问题，也关系到家庭和社会的稳定与发展。父母是未成年人的第一监护人。但是，如果父母对其子女实施严重监护侵害或存在监护缺失，或由于客观原因无法实际监护，那么，根据国家亲权理念和儿童利益最大化原则，国家公权力应当介入并积极干预家庭监护。检察官既是国家公诉人，也是国家监护人，更是儿童权利监督人。① 因此，检察机关遇到监护干预类案件时应当积极能动履职。

一、检察机关介入监护干预的职责

检察机关介入监护干预制度的设立，主要基于国家亲权理念、儿童利益最大化原则，以及公权力介入必要及审慎适度原则。现行法律规定了下列检察机关介入监护干预的职责。

---

* 房栋，江苏省南通市人民检察院党组成员、副检察长；徐瑾，江苏省南通市人民检察院第八检察部主任；邵婧，江苏省南通市人民检察院第八检察部检察官助理。

① 参见李春薇：《以未检“发动机”推动形成未成年人保护大格局》，载《检察日报》2020 年 4 月 11 日，第 2 版。

（一）检察机关支持、督促起诉撤销监护权

《民法典》第36条规定了“撤销监护人资格”的三种情形以及有权提起撤销监护权诉讼的主体。《未成年人保护法》第106条明确了检察院督促、支持起诉的条件是未成年人合法权益受到侵犯，相关组织和个人未代为起诉。《最高人民法院、最高人民检察院、公安部、民政部关于依法处理监护人侵害未成年人权益行为若干问题的意见》（以下简称《监护侵害意见》）第35条细化了撤销监护人资格的七种情形。据此，在撤销监护权案件中，如果其他依法具有监护资格者、当地基层组织等未起诉，且具有“托底责任”的民政部门也未及时提出申请，检察机关就应当督促、支持提出撤销监护权诉讼。

（二）检察机关负有监护权相关诉讼告知义务和建议义务

实务中，一些对未成年人具有监护资格的其他近亲属由于种种原因不知道未成年人被监护侵害了，或者虽然知道了，但不知道怎样诉讼。对此，《监护侵害意见》第30条赋予检察机关在办理监护侵害刑事案件中负有监护权相关诉讼的书面告知义务；无法查找到申请主体或者申请主体没有提出诉讼时，检察机关还应向民政部门或未成年人救助保护组织提出书面建议。

（三）检察机关在涉未成年人诉讼中履行法律监督责任

《未成年人保护法》中明确规定，“人民检察院通过行使检察权，对涉及未成年人的诉讼活动等依法进行监督”。《监护侵害意见》也重申：“人民检察院对公安机关、人民法院处理监护侵害行为的工作依法实行法律监督。”此种监督范围非常广泛，包括但不限于对监护侵害刑事案件、撤销监护权案件的监督；既包括对涉未成年人诉讼的监督，也包括监护变更之后的后续监督。

二、检察介入监护干预的短板

（一）介入监护干预举措缺乏刚性

尽管当前法律已经赋予了检察机关监护权撤销之诉的告知权和建议权，但对于申请主体相互推诿责任未提起诉讼或者未成年人权益仍在遭受侵害的情形，检察机关还缺少刚性的法律监督和制约措施。实践中未成年人父母无法履行监护职责时，祖父母、外祖父母或成年兄姐以自己没有监护能力为由予以推诿的情况并非个例。[①] 对于监护干预类案件的后续执行情况，以及未成年人的监护状况是否发生了实质性改变的跟踪监督，检察机关也缺少有效的监督手段。

（二）介入监护干预有“三难”

一是发现难。实务中，发现监护中存在严重违法甚至犯罪并非易事。监护行为一般

---

① 参见张雪梅：《〈未成年人保护法〉修订草案关于监护制度的规定与完善建议》，载《中华女子学院学报》2020年第6期。

都发生在家庭里，难以被外界发现，被监护人处于弱势地位，不敢、不愿、不能报案。二是取证难。有的由于监护人作案时间跨度大，相关客观证据已经灭失；有的由于家庭成员间存在利害关系，或者未成年被害人年幼，记忆能力和表达能力较弱，言词证据反复，对案件定性以及如何处理带来困扰。三是追责难。现行法律基于检察机关的法律监督机关定位，未赋予检察机关在监护干预案件中享有申请主体资格，仅赋予其督促和支持起诉的辅助资格。而且，在支持起诉案件中，检察机关是否派员出庭、出庭检察官居何法律地位，相关法律都没有明确。

(三)审慎适度原则难以精准把握

撤销、变更监护权，是对家长监护人资格的剥夺或者削弱；对未成年人而言，则涉及其长期的切身利益。因此，若非万不得已，已经用尽其他改善监护手段的情况下，方可审慎适用。实务中，何种情况下才可启动撤销监护权程序，相关法律规定还比较笼统。对于暂缓撤销监护权和设置监护中止考察期限的案件，尚在探索之中，还没有相关法律作出规定。

三、介入监护干预案件的类型化分析

监护干预案件肇始于未成年人受到监护侵害或者家庭监护缺失。检察机关办理此类案件主要围绕监护权的撤销、变更、考察、保留等展开，同时最大限度维护未成年人权益。其中既有刑事案件和民事案件，也有治安处罚、督促履职等案件。结合近几年办案实践，对此类案件略作类型化分析。

(一)追究监护人监护侵害(或缺失)责任

监护人性侵、遗弃、故意杀害未成年人等案件的发生，意味着监护侵害(或缺失)责任应当受到追究，撤销监护权的法定事由也已具备。但在司法实务中，未成年人的监护权却并不必然被撤销，存在支持起诉撤销监护权、评估后不撤销监护权、设置考察期限暂缓撤销监护权、参与协调转移监护权等多种情形。

1. 督促、支持起诉撤销监护权

该类型案件，对于符合撤销监护权条件的，检察机关督促相关诉讼主体提出撤销监护权之诉，并可进一步支持起诉。如在徐某甲强奸案中，被告人徐某甲酒后两次强奸其女儿徐某乙。徐某乙的生母田某某常年在外打工，多年未归，对女儿不管不问。徐某甲因犯强奸罪被判刑入狱，田某某下落不明，徐某乙生活无着。检察机关认为监护人徐某甲和田某某均符合《民法典》和《监护侵害意见》规定的“撤销监护人资格”情形，依法告知徐某乙其他近亲属、户籍所在地村委会相关诉讼权利。但上述人员及组织均不愿起诉。为此，检察机关向当地民政部门制发检察建议，督促其依法履职。后民政部门提起撤销监护人资格之诉，检察机关支持起诉并派员出庭。最终，法院判决撤销徐某甲、田某某监护人资格，并指定徐某乙的外祖母担任监护人。

2. 综合评估后不撤销监护权

该类型案件，尽管存在撤销监护权的法定事由，但检察机关从有利于未成年人出发，经综合评估，不建议撤销监护权。如在吴某甲、吴某乙遗弃案中，吴某甲、吴某乙本系夫妻，二人因家庭矛盾先后离家出走，却将年仅1岁多、患有先天性心脏病的吴某宇遗弃给年迈多病、无生活来源的吴某宇曾祖父抚养，二人长期失联，拒不履行抚养吴某宇的义务。吴某宇曾祖父多次向公安机关求助，请求寻回二人，并请民政部门将吴某宇送养。检察机关监督公安机关立案侦查，通过网上追逃抓获吴某甲、吴某乙。尽管撤销监护权的法定事由已具备，但检察机关没有放弃让孩子重回父母身边的努力，在对吴某甲进行司法训诫、家庭教育指导并让其认识到错误，表示愿意承担抚养之责后，让吴某宇回到吴某甲身边。检察机关没有盲目撤销吴某甲监护权，而是作出了对未成年人最有利的处理。

3. 设置考察期限暂缓撤销监护权

该类型案例，检察机关根据个案具体情况，审慎判断是否属于立即撤销监护权的情形，设置考察期限，暂缓撤销监护权。如在喻某故意杀人案中，喻某本系一高校在读大学生，暑期打工时与恋人李某同居。后喻某独自分娩一婴儿，却因害怕事情曝光，将该婴儿丢弃于自家屋后河边一人迹罕至的蚕豆田内。后当地村民发现婴儿并报警。喻某被检察机关以故意杀人罪提起公诉。在办案中，喻某及其父母向检察机关表达了强烈的抚养意愿。检察机关综合审查、评估喻某认罪悔罪态度、抚养能力以及意愿后认为，喻某不属于必须立即撤销监护权情形，决定暂缓撤销其监护权，同时为其设置服刑期满后半年的监护中止考察期，为儿童回归家庭留下可能。

4. 协调转移监护权

该类型案件，检察机关通过细致调查了解发案原因、家庭条件、监护状况等，从有利于儿童成长出发，依法协调确定新的监护人。如在徐某某遗弃案中，徐某某无力抚养，遂将其出生仅三天的婴儿遗弃在马路边。案发后，徐某某被检察机关以遗弃罪提起公诉。与此同时，检察机关也没有就案办案，而是在考察发现徐某某是家中唯一劳动力，已有两孩需要抚养，其妻罹患抑郁症，无生活自理能力，家庭确实不适宜再抚养婴儿等情况后，主动协调民政部门为该弃婴寻找到合适的收养家庭。

（二）监护侵害行为未达受刑事追究程度

监护人因实施监护侵害受到刑事追究，并不是撤销其监护权的唯一前置条件。监护不当行为与《民法典》第36条规定的“撤销监护人资格”三种情形严重程度相当，同时符合儿童利益最大化原则要求的，检察机关就可以监督撤销其监护权。

如在李某虐待案中，李某是一位单亲母亲，其女安某是某小学学生。李某受到错误教育观念影响，强行要求安某达到超出其能力范围的要求，安某因无法达到李某的学习要求，多次受到李某摔书包、抓伤身体、路边罚跪、锅铲打烫等处罚。该案进入检察环节后，李某依然不知悔改，仍然多次对安某实施家庭暴力。为此，检察机关坚持适度介入原则，根据李某监护不当的烈度实施与之相应的监督干预措施，包括对李某进行训诫和家庭教育指导；建议公安机关发出《家庭暴力告诫书》；建议公安机关申请《人身安全保护令》，由法院裁定禁止李某实施家庭暴力，期限六个月；支持安某外祖母提起撤销李某监护权之诉，由法院判决并指定安某外祖母担任监护人。

（三）监护人客观上无法实施监护

监护人客观上没有能力履行监护职责，其他成年近亲属也不意愿承担监护责任的，根据《未成年人保护法》第 94 条的规定，民政部门应当依法对未成年人进行长期监护。

如在变更吴某某监护人案中，吴某某系脑瘫患儿，其生母姜某因犯贩卖毒品罪在监狱服刑，其生父吕某多次吸食毒品，无固定工作。某福利院认为，吴某某的父母均已找到，已不符合收养条件。某福利院于是向检察机关提出救助请求。检察机关经调查核实发现，姜某已被剥夺人身自由，吕某多次违法，生活困窘，吴某某其他成年近亲属都没有能力，也不愿意担任监护人。经公安、检检察机关联合走访，检察机关确认没有合适的个人或组织履行监护吴某某的职责。最终，经与民政机关、福利院等单位协商，检察机关支持福利院提起变更监护权诉讼，法院判决变更民政局为吴某某监护人。

（四）综合使用辅助手段全方位保护未成年人

未成年人健康成长等不起。因此，检察机关在办理涉未成年人刑事、民事等案件时，可以根据实际需要综合运用一些辅助司法手段。

一是积极为被害人申请司法救助金。对于患病、家庭困难的儿童，检察机关可以帮助其申请司法救助金，或者协调民政部门将病患儿童、困难家庭纳入救助范围，定期发放救助金，让困难家庭享受低保待遇等。如上述吴某甲、吴某乙遗弃案、徐某甲强奸案，检察机关分别为病患儿童申请司法救助金，为困难家庭协调了民政救助。

二是悉心照料被害人身心健康。对于有疾病，或因家庭暴力等导致未成年人身心受损的，检察机关可以积极联系社区、妇联和医院等单位开展医疗救助，协助申请专业诊疗救助金，聘请心理咨询师为受提供心理疏导等方式，帮助未成年人健康成长。如上述吴某甲、吴某乙遗弃案中，检察机关协助申请了专业诊疗救助金，吴某宇顺利完成先天心脏病手术。

三是用情训诫指导监护人。检察机关对实施监护侵害行为的家长应当进行的司法训诫，促使他们真诚悔过；还应监护责任缺失的家长开展家庭教育指导，增强他们的监护意识，为儿童能尽量留在生家庭、在父母身边生活生长积极引导。如检察机关对上述案件中的吴某甲、吴某乙、喻某等开展了家庭教育方面的指导。

四、检察机关介入监护干预的完善路径

（一）持续深化“刑民一体化”综合办案模式

监护侵害案件既涉及对加害者的定罪量刑，也涉及监护关系的变更重置。对处于监

护困境的未成年人及时落实妥善监护及救助措施，缩短因诉讼周期过长而导致的对未成年被害人监护落实不到位、救助措施不及时等情况，对于此类案件办理的效果至关重要。① 因此，在司法实务中，应当由同一检察官办理此类案件的审查逮捕、审查起诉、支持起诉等工作，将刑事案件和关联民事案件一体办理；同一法官办理刑事案件和关联民事案件，做到同时审查、同时开庭、同时判决，确保涉未成年人案件办理的延续性和一体性。

（二）赋予检察机关更明确的法律地位和职权

法国、日本等国家明确，检察机关代表国家对未成年人监护进行法律监督。② 其未成年人监护权撤销制度可资借鉴。有权提起监护权撤销之诉的主体没有提起诉讼，检察机关可以作为监护权撤销和变更的申请主体，提起民事诉讼，代表国家履行国家监护职责。其法律地位类似于民事诉讼原告。如此可大大缩短办案周期，有助于及时对未成年被害人开展保护救助。当未成年人权益遭受侵害且无其他有效救济手段时，检察机关应当及时作出反应，快速充当起“国家监护人”角色。与此同时，基于“利益最大化原则”要求，监督职责范围包含但不限于未成年人生活安宁、身心健康、受教育以及财产保障等综合监护。监护人拟被撤销监护权的，还应对其悔过、现行监护和未成年人接受监护意愿等进行实时动态评估；涉及被监护人就学、就业、处分被监护人大宗财产等重大监护决定的，应当要求监护人及时报告。只要是有利于实现被监护人最大利益的，检察机关都应当全方位、连续介入监护干预，在预防案发和办案中审慎选择介入节点、强度以及效果。

（三）构建社会化未成年人监护监督制度

未成年人监护监督制度牵涉主体广泛，具有一定的社会化属性，因而该项制度不可能依靠检察机关或者民政部门单独完成，其作为未成年人司法保护工作的一部分，是一种专业化的社会服务，需要专业化的机构支撑。③ 监护干预类案件中的指控犯罪、撤销监护权等只是未成年人司法保护初始阶段工作，后续还有监护状况跟踪、新家庭选择、心理疏导、医疗救助、司法救助、转学复读、隐私保护等诸多环节，需要多家机关和负有未成年人保护职责的部门协同配合，因此有必要建立健全公、检、法、司和教育、民政、妇联、团委、卫健委等部门间线索互相移送与合作机制。一旦发现未成年人合法权益遭监护人侵害线索，相关部门应当互通情况并及时处置。牵头部门应当积极整合社会相关方面资源，依托家庭教育指导站对监护人开展家庭教育指导，督促其正确履行监护职责，依托心

---

① 参见黄生林、余晓敏、裘菊红、刘昊：《检察机关开展未成年人监护干预实证研究》，载《青少年犯罪问题》2018年第6期。

② 法国《民事诉讼法》第421条规定，检察机关可以由主当事人和从当事人两种身份参与诉讼，检察机关在参与撤销亲权民事诉讼活动时，是以主当事人的身份参与。《日本民法典》第834条规定，出现虐待和恶意遗弃的情形时……检察官有权向家庭裁判所提出申请，停止父母亲权。转引自丁慧洁、徐丽春：《未成年人监护监督考察制度中检察机关的地位与作用》，载《青少年犯罪问题》2021年第1期。

③ 参见丁慧洁、徐丽春：《未成年人监护监督考察制度中检察机关的地位与作用》，载《青少年犯罪问题》2021年第1期。

理咨询机构和医疗机构对受侵害未成年人进行心理干预和诊治；支持专业化社会组织参与临时看护遭遗弃、虐待、家庭暴力等严重侵害的未成年人、监护人缺失的困境儿童以及事实孤儿等。

案例研究

民事支持起诉的原则与程序规范

——基于检例第125号案件的展开

江舜治　张　伟　郭　桥*

摘要：民事支持起诉是宪法、民事诉讼法赋予检察机关的职能之一，也是检察机关传递司法温度、履行监督职责的重要载体和关键着力点，对保障"司法为民"和"公平正义"具有重大意义。由于立法简陋欠缺、实践办案方式不一、程序规范不明确等内在痛点和外在问题，制约了民事支持起诉的职能发挥。以检例125号案件为例分析，当前支持起诉工作中存在受理、调查、出庭、监督四个方面现实困境，完善民事支持起诉制度，应当遵循权利救济、权利处分、有限介入、穷尽救济四项基本原则，并在基本原则的指引下对支持起诉的程序予以规范。

关键词：民事检察　支持起诉　基本原则　程序规范

检察机关对民事私益诉讼的支持起诉工作，已经发展多年，各地围绕农民工讨薪、弱势群体维权等民事纠纷，办理了一批支持起诉案件，取得了良好的办案效果。近年来随着办案范围的不断拓宽，这项职能的功能价值得到进一步丰富，逐渐成为检察机关融入"两个大局"、践行司法为民理念的重要抓手。① 支持起诉的权源和根据是《民事诉讼法》第15条的规定："机关、社会团体、企业事业单位对损害国家、集体或者个人民事权益的行为，可以支持受损害的单位或者个人向人民法院起诉。"这一条原则性的规定，在我国

---

* 江舜治，江苏省南京市玄武区人民检察院副检察长；张伟，江苏省南京市玄武区人民检察院第五检察部副主任；郭桥，江苏省南京市玄武区人民检察院检察官助理。

① 参见《积极探索完善支持起诉机制》，载《检察日报》2020年12月23日，第7版。

民事诉讼法四十年的立法进程中，始终存在，几乎一字未改。除此以外，整个民事诉讼法对于支持起诉的具体程序问题只字未提。立法的严重匮乏，不仅限制了支持起诉制度功能的发挥，而且给司法办案带来诸多困境。比如，实践中支持起诉的范围、方式、检察机关的诉讼地位等方面认识不一、操作不一。

在此情形下，2022 年 1 月最高人民检察院以民事支持起诉为主题，公开发布了第 31 批共五件指导性案例。通过指导性案例的示范作用，为全国检察机关办理支持起诉案件，提供一些基本的规则参考。这五个案例虽然案情各不相同，但是其中的指导意义、办案理念呈现出鲜明的一致性、典型性。本文将以笔者办理的检例 125 号案件——安某民等 80 人与某环境公司确认劳动关系纠纷支持起诉案为例，在剖析实践困境的基础上，探讨明确民事支持起诉的基本原则和程序规范问题。

一、支持起诉的现实困境

民事支持起诉实务中存在的最具有普遍性的问题，可以归纳为“四个能否”，这些问题在上述案例中也有所体现。

（一）能否受理

以往检察机关办理的民事支持起诉案件，大多为协助农民工讨薪案件，鲜少涉及社保领域。根据最高人民法院规定，补缴社保不能直接作为诉讼请求，它不属于民事诉讼的范围。那么，该案劳动者为了维护社保权益请求检察机关帮助，能不能作为支持起诉案件予以受理？一开始存在不同意见。这一情形同样也是民事支持起诉实务中常见的问题，对于支持起诉的对象和案件范围，缺乏明确的判断标准和界限，特别是遇到一些新类型案件的时候，能否纳入支持起诉范围难以把握。受案范围和条件不明确，就可能导致检察机关介入案件的范围过于宽泛，或者一些应当提供检察支持的案件，由于种种考虑不愿意受理，拈轻怕重，甚至产生“选择性司法”的问题。

（二）能否调查

支持起诉案件中，检察机关能否帮助一方当事人调查收集证据，存在不同认识。反对者认为这可能破坏民事诉讼的平衡性，违背当事人主义的诉讼模式。肯定者则认为，这是支持起诉的应有之义、必然要求，如果未经调查核实，检察机关将无法作出支持起诉决定。在安某民案例中，由于不能直接起诉补缴社保，但又需要获取生效法律文书，以用于提交社保部门作为补缴社保费的依据。检察机关考虑到劳资双方对工龄问题存在争议，因此指导劳动者将确认劳动关系作为诉讼请求。然而，劳动者却无法取得证明劳动关系的相关证据材料，如劳动合同、工资领取凭证以及用人单位改制的相关文件等，针对此种情况检察机关能否启动调查措施，将决定诉讼程序走向和劳动者维权目的能否实现。

（三）能否出庭

即检察机关支持起诉后，对民事诉讼的参与程度以及诉讼地位问题。有观点认为，检察机关支持起诉应当中止于诉讼前，这才符合司法权的运行规律和谦抑属性，在向法院送达支持起诉书、法院立案审理后，支持起诉的职责就完成了。但实务中，检察机关部分或者完整参与诉讼也较为常见，有的甚至探索开展了“支持上诉”活动。在案例中，考虑到当事人众多、具有一定社会影响，承办检察官出庭宣读了支持起诉书。另外，检察机关如果派员出庭，是否参与法庭调查、法庭辩论、调解和解等程序，同样存在争论，这根本上反映出对支持起诉功能定位的不同理解。从完善制度、规范检察权运行的角度，有必要明确相关程序规则。

（四）能否监督

作为法律监督机关，检察机关对支持起诉的民事案件能否同时实行诉讼监督，能否跟进裁判执行和后续情况？对该问题同样也有不同观点。质疑者认为，检察机关既支持起诉又实施监督，相当于既是运动员又是裁判员，可能对司法公正权威造成破坏；肯定的观点则认为，如果检察机关仅仅一诉了之，对裁判执行情况和办案效果不进行跟进，那么支持起诉可能只是帮助当事人获得一份“空头支票”，办案效果大打折扣，所以要跟进开展监督、协调等工作，这也是履行法律监督职责的内在要求和具体表现。[①] 厘清这一争议问题，具有较大的现实必要性。

二、支持起诉的基本原则

诉讼程序应当有基本的原则遵循，民事支持起诉亦不例外。在制度规范不健全的情况下，明确支持起诉的基本原则，能够正确指引支持起诉办案方向，促进办案规范，保障检察机关精准履职。笔者认为，民事支持起诉一般应遵循以下原则。

（一）诉权救济原则

一般情况下，民事主体在合法权益受到侵害时，可以自主决定起诉或者不起诉。但也有一些当事人虽然具有维权意愿，但因为诉讼能力较弱等原因，无法起诉维权，诉权得不到保障，这实际上也是社会不公的一种表现。[②] 民事诉讼法确立支持起诉的原则，目的就是为存在诉讼障碍的特殊群体提供必要的国家帮助。案例中，80 名环卫工人文化水平较低、法律知识欠缺、收集证据能力不足，很难自行提起诉讼并获取法院裁判，实现补缴社保的诉求遇到障碍。再如检例 122 号案件，智力残疾人的财产权受到侵害后，难以凭个人之力提起民事诉讼获得救济，检例 126 号遭受家庭暴力的妇女由于害怕遭受报复不敢起诉维权，上述当事人都呈现出明显的诉权行使障碍，无法顺利地寻求司法救济。

---

① 参见马芸：《刍议检察机关支持起诉程序在环境公益民事诉讼中的适用》，载《中国环境法治》2010 年卷。

② 参见王丽娴：《检察机关支持起诉制度的完善》，载《西部论坛》2008 年第 S1 期。

（二）权利处分原则

权利处分是民事诉讼法的基本原则，同样也应当作为民事支持起诉的基本原则。一般情况下，当事人享有处分权利的自由，可以自主决定是否起诉、提出何种诉讼请求以及是否申请支持起诉等，检察机关不应强加干涉民事私益诉讼。否则，如果在开展支持起诉过程中，职权因素占据主导，就可能出现人为选择案件和当事人范围，出现避重就轻等问题，并且对民事诉讼的原告施加了一定的被动性、强制性，将支持起诉变成了督促起诉，显然背离立法初衷。

权利处分原则决定了支持起诉的案源，应主要来自当事人的申请。在五个指导性案例中，均是依当事人的申请启动程序，充分体现了对当事人真实意愿的尊重。然而，在实务中，由于绩效考核、办案理念等原因，客观上存在检察机关主动寻找线索、依职权支持起诉的现象，导致支持起诉数据虚高、质量参差不齐，这样的办案方式与权利处分原则存在冲突。

（三）有限介入原则

一项法律制度与其所要维护的法益，都应具备手段和目的之对应性。民事支持起诉作为一种手段，应和其诉权救济的立法目的相适应，保持对民事诉讼的有限介入。体现在支持起诉的范围上，就是要设置必要的门槛和条件，不可过于宽泛，并非所有弱势群体或者具有特殊困难的民事主体的权益遭受侵害，都可以纳入支持起诉的范围。在确有必要的情形下，检察机关才予以提供帮助和支持，这也是司法谦抑性在支持起诉范围上的具体表现。体现在支持起诉的方式上，就是要合理把控权力行使的边界，不能因检察介入让弱势一方反而成为绝对强势，使“天平”再次失衡。例如，在上述案例中，检察机关并没有实质参与到诉讼和审理活动中，检察工作主要集中在诉前的帮助和裁判后的矛盾化解、权利实现等环节，将有限介入的理念贯穿于办案全程。

（四）穷尽救济原则

对存在诉讼障碍的当事人，我国法律还规定了法律援助制度、诉讼费用减缓免等制度，法律援助致力于为符合条件的当事人提供免费的法律服务，诉讼费用减缓免制度则是诉讼成本的优惠措施。另外，对于老年人、妇女儿童、残疾人等特殊群体，相关行政机关、社会团体和组织等也负有相应的法定职责。① 检察机关应准确把握各项救济制度之间的关系和优先顺位，注重综合运用不同救济方式，实现对弱势群体维权的国家干预目的。实践中，民事权益受损害的主体难于起诉的原因复杂多样，对于通过实施法律援助、行政机关、社会团体等可以协调解决的，检察机关不宜直接纳入支持起诉范围，可以引导并协助当事人优先通过其他方式救济权利，以节约有限的司法资源。在当事人已穷尽其

① 参见顾丽琛：《检察机关在未成年人监护侵害案件中的支持起诉机制研究》，载《上海法学研究》集刊2019年第20卷。

他救济方式未果的情况下，检察机关可以支持起诉。

这一原则在五个指导性案例中亦有充分体现，如检例122号的指导意义中明确，对于残疾人维权，"应当先行督促残疾人联合会、残疾人居住地的居委会、村委会等社会团体、自治组织提供法律帮助"；检例123号明确"老年人合法权益受到侵害的，应当先行联系政府有关部门、基层群众性组织等为老年人维权提供帮助"；检例124号明确"对于欠薪行为未构成犯罪的，可以协调人力资源和社会保障部门履职尽责"；检例125号明确"履职中发现用人单位未给职工办理社保的，应当先行协调政府责任部门履职尽责"；检例126号明确"检察履职中发现家暴线索的，应当先行协调相关责任单位履职尽责"。由此可见，指导性案例对支持起诉的功能定位，充分体现了穷尽救济的理念。

三、支持起诉的程序规范

为了更好地履行支持起诉检察职责，"管"好当事人的急难愁盼事，目前亟须解决民事支持起诉的相关程序规范问题。

（一）支持起诉的范围——双维视角

一些地方检察机关为了规范支持起诉工作开展，先行制定了一些规范性文件，主要采取列举的方式划定支持起诉的范围。但是这种方式具有一定局限性，也和案件范围的拓宽需求不相适应。为了准确把握支持起诉的案件范围，笔者认为，可以从案件特性入手，采取"对象＋诉讼请求"的双维视角综合考量，即既要考虑支持起诉的对象是否属于缺乏诉讼能力的特殊群体，又要考量其诉讼请求在性质上是否有支持起诉必要。分别来看：

1. 对象范围

按照前述诉权救济原则的内涵，支持起诉的对象必然具有一定的特殊性，应包括以下几类：(1)诉讼能力不足。当事人缺乏基本的法律常识、维权意识和诉讼技能，难以独立提起诉讼或者顺利完成整个诉讼程序，这时就会产生支持起诉的需求。(2)诉讼意愿不自主。民事主体由于受到他人胁迫、心理强制、社会压力等外部因素干扰，不愿、不敢或者不能提起诉讼主张权利，法律秩序遭到严重挑战，需要检察机关给予法律帮助和坚强支持。(3)证据收集能力受限。当事人的诉权障碍除提起诉讼的能力不足外，还突出表现在收集证据、提出证据的能力欠缺。处于弱势地位的一方，因为无法收集起诉必需的基本证据，导致其基本的生存权、财产权无法保障时，司法救济就应向其进行倾斜，以保证实质意义上的公平。

2. 诉讼请求

对支持起诉对象进行考察后，还要对其诉讼请求的属性特征进行考量，综合评估支持起诉的必要性。笔者认为，可以纳入支持起诉的诉讼请求，一般应具备"民生利益、公序良俗、政策导向"的属性，即支持起诉是为了维护当事人的基本生存权益、维护良好的法律秩序和善良风俗或者落实国家的重大方针政策，如“双减”“知识产权保护”政策等。具体来说，包括：(1)涉及民生利益，如涉及维系当事人基本生活的劳动报酬、社保待遇、抚养费、赡养费等，这些诉请利益均是当事人赖以生存的基本条件，具有民生民利的属性；(2)涉及人身权法益维护，如因交通事故等导致生命健康权受到侵害，进而提出的侵权损害赔偿请求，再如受到环境污染损害的公民提出侵权赔偿请求等；(3)涉及特殊群体的重大利益保护，如农民因生产资料质量问题请求赔偿、受到犯罪侵害的未成年人主张损害赔偿、在校大学生高额贷款消费维权等案件；(4)涉及消费者群体维权，如消费者对预收消费款经营者提出解约退款等诉讼请求，老年人因保健品过度消费提出的退款或者赔偿诉求等。

按照上述标准，对于普通经济纠纷、商事纠纷、物权纠纷等民事案件，即便一方当事人属于特殊群体并且存在诉讼能力障碍，检察机关也要审慎从严把握，一般不予支持起诉。①

（二）支持起诉的条件——行政处理优先

按照穷尽救济的原则，检察机关在支持起诉前，应引导当事人优先通过行政处理等方式救济权利，在没有主管部门或者相关部门处理未果的情况下，检察机关予以受理。具体要注意以下两个方面：一是引导当事人寻求其他救济方式并非一推了之。妥善处理好司法资源有限性和司法为民宗旨性之间的关系，对当事人的诉讼困境，检察机关可以采取适当方式或者利用建立的工作机制，为他们提供支持起诉以外的帮助，如移送行政处理，协调督促行政机关履职，从而解决当事人维权难题。二是支持起诉与其他救济方式的综合运用。支持起诉程序并不排斥行政机关、社会团体的协同处置。事实上，对于涉及民生利益的案件，在诉讼程序之外，往往离不开职能部门的协作配合。案例中，检察机关支持起诉只是第一步，还要协同相关部门解决社保资金、补缴手续等实际问题，这是当事人诉求实现的关键。

（三）支持起诉的方式——消除诉权障碍

检察机关支持起诉的方式，应当与消除弱势一方诉权障碍相适应，既能实现救济目的，又不能越界。目前，检察机关可以运用的支持起诉方式主要有以下三种。

1. 法律咨询。法律咨询，是指检察机关围绕诉讼程序、法律知识等，有针对性地为当事人进行辅导讲解、分析研判，增强其运用法律和诉讼途径解决纠纷的能力。这一方式在实践中的具体运行样态，又可以细分为：法律知识宣讲、帮助撰写起诉状、协助确定诉讼请求、诉讼权利义务告知和庭审程序指导等。另外，在检例 122 号案例中，检察机关经与司法局联系，帮助涉案残疾人申请了法律援助律师，为其提供无偿法律服务，有效缓解当事人诉讼能力不足的问题。检例 126 号案例中，检察机关还为家暴受害人进行心理疏

① 参见李德恩：《接近司法视阈下检察机关支持起诉的体制建构》，载《法治研究》2016 年第 1 期。

导，与民政部门联系，将其安置到救助管理机构提供的临时庇护场所并提供生活帮助。这些实际上都是支持起诉方式的延伸。

2. 协助收集证据。一般情况下，首先应当通过法律咨询、取证指导等方式，引导支持起诉对象自行收集证据。在当事人因客观因素无法自行收集的情况下，检察机关为了补强弱势方的诉讼能力，可以运用调查权能协助收集证据。其理由主要在于：一方面，办理支持起诉案件的自身需要。在办案中，关于当事人的支持起诉申请是否具有事实根据、法律依据，承办检察官应当进行审查核实，如果当事人无法提供起诉必备的基本证据，诉讼是否成立尚不确定，那么案件审查进程必然受到影响。此时，为了顺利履行职责、保障案件及时处理，检察机关有必要开展调查核实工作，在此过程中获取的证据材料亦可作为原告起诉的依据。另一方面，契合支持起诉的宗旨目的。民事诉讼的核心是证据。当事人缺乏诉讼能力，其内涵包括收集证据能力的缺乏。为了弥补当事人的这一能力缺陷，检察机关的支持起诉活动，当然包含协助收集证据的内容。

案例中，针对 80 名环卫工都没有证明劳动关系的基础证据，同时又无法独立、充分地收集相关证据，检察机关协助开展了两个方面的取证工作：一是调取了历年的工资发放凭证、工资签领表。在双方没有签订劳动合同的情况下，可以通过收集员工名册、工资表、考勤表等相关证据，来证明劳动者的工龄时长和双方劳动关系。二是调取了环卫所改制转企的政府文件及相关资料，证明了用人单位改制变更和权利义务关系的承继情况。在取得这些证据之后，劳动者的起诉顺利被法院受理。

当然，检察机关可以协助当事人收集的证据，也有一定的范围限制。从指导性案例确定的规则来看，可以归纳为以下三类：(1)为确定当事人的诉讼请求而需要调取的证据；(2)证明原被告双方与案件争议事实存在关联关系和利害关系的证据；(3)证明原告的起诉符合起诉条件的其他证据。比如，由国家有关部门保存，当事人及其代理人无权查阅调取的档案、卷宗等证据；群体性诉讼中，当事人自行收集证据存在客观障碍或者取证成本过高等。

3. 提出支持起诉意见。以检察机关的名义作出支持起诉法律文书，并送达人民法院，不仅是检察机关办理案件的结果，更为突出的价值在于其呈现出的宣示意义。这一环节需要注意的是：(1)支持起诉文书内容和格式体例应统一规范，其中对案件事实的表述应客观、准确，阐明支持起诉的理由、依据等内容；(2)支持起诉的诉讼请求应有证据证明，当事人的部分诉请缺乏依据、经过释明仍然不作改变的，检察机关仅就有证据证明的诉求予以支持起诉；(3)作出支持起诉决定的同时，还要引导当事人依法行使诉讼权利、履行诉讼义务，在法治框架内理性维权，避免滥用诉权等情形；(4)支持起诉后，当事人因达成调解或者其他原因，撤回起诉的，检察机关无须撤回支持起诉意见，支持起诉程序应自行终结。

(四)诉讼地位——有所为有所不为

按照有限介入的原则,除非涉及"两益"因素或者具有重大影响的案件,检察机关一般不出席法庭。在法律规则不健全、尚未明确"支持起诉人"的诉讼地位的情况下,检察机关如要参与诉讼,应与法院协商一致。根据支持起诉案件的特点,并参照检察抗诉案件的庭审规则,检察机关即便参加诉讼,也仅仅是局部性、阶段性的参与,可以开展的活动有:宣读支持起诉意见书,必要时对调查收集的证据作出说明,协助法庭调解。在一些具有公益性因素的私益诉讼中,检察机关派员出庭的,可以在适当的环节发表意见,进一步表明支持起诉的意见和目的。

除上述方式外,检察机关一般不参与举证、质证等法庭调查和法庭辩论程序,以免造成诉讼结构的失衡。民事支持起诉中,检察机关既不是当事人也不是公益代表人,不享有当事人的诉讼权利,对于当事人享有的申请回避、和解、自认、改变诉讼请求、上诉等权利不得代行或者干预。

(五)支持起诉与法律监督的衔接

在办案过程中,检察机关应注重支持起诉与法律监督职能的协调运用、相互借力、综合施策。

1. 跟进监督裁判履行和执行情况。支持起诉的办案效果,集中体现在当事人的诉求是否实现。在法院裁判或者调解生效后,应依职权履行诉讼监督职责,对裁判履行情况进行跟进,对法院是否依法强制执行实施监督,发现生效裁判错误或者执行违法等情形,可以制发检察建议。在案例中,支持起诉获法院判决的同时,检察机关与多家行政机关积极沟通,最终明确了 400 余万元资金的筹集方案并落实到位,补缴到劳动者的个人社保账户。

2. 依法履职促进诉源治理。办理支持起诉案件中,应深入分析个案、类案发生的原因,找准当事人维权障碍所反映出的社会治理、行业治理问题,并且开展必要的调研工作,掌握情况并研究对策,提出有针对性的社会治理检察建议,督促加强行政监管、行业整改。

3. 践行平等保护理念。在新的时代背景下,检察机关既要注重对特殊群体和弱势群体的司法保护,也要注重对因市场变化、疫情影响等经营困难的民营企业、高新技术企业的平等保护。履职中,既可以通过诉前调解方式,促使达成分期履行协议,引导劳动者与企业共渡难关;也可以在诉讼过程中协助法庭调解,促使达成和解协议,减轻当事人诉累。

拆迁人擅自处分法院查封财产行为的认定和责任

——析某镇政府执行异议、复议、申请法律监督案

屈晓冬　殷正宏*

一、基本案情

2016 年 2 月 16 日扬州经济技术开发区人民法院(以下简称经开区法院)受理了原告扬州某投资担保公司与被告扬州某贸易公司、扬州某服饰公司等十一名单位及个人担保追偿权纠纷案。根据原告扬州某投资担保公司的财产保全申请,经开区法院于 2016 年 4 月 21 日裁定查封了扬州某服饰公司房产,并在相关职能部门进行了查封登记。查封财产的价值为 500 万元,查封期限自 2016 年 4 月 21 日至 2019 年 4 月 20 日。

2016 年 9 月 14 日,经开区法院作出了被告扬州某贸易公司于本判决生效之日起十日内向原告扬州某投资担保公司偿还代偿款 3616594.29 元(已扣减 40 万元保证金)及利息(以本金 3616594.29 元为基数,自 2015 年 5 月 20 日至实际给付之日止,按日万分之五计算);被告扬州某服饰公司等对上述债务承担连带偿还义务等判决。判决生效后,义务人未自动履行还款义务,扬州某投资担保公司于 2018 年 4 月 18 日向经开区法院申请执行,经开区法院依法立案执行。

经开区法院在执行过程中了解到被执行人扬州某服饰公司的房产在经开区法院查封期间已经被扬州市广陵区某镇人民政府(以下简称某镇政府)拆迁。拆迁前,某镇政府与扬州某服饰公司签订了《扬州市广陵区国有土地房屋征收补偿协议书》。协议书约定:被征收人应将房屋交付对方拆迁,征收人支付对方房屋补偿合计 20548751.75 元;被征收人扬州某服饰公司签订本协议时需将被征收房屋的产权证书、国有土地使用权证等全套证件交由房屋征收实施单位,由房屋征收实施单位转交相关部门注销。2017 年 2 月 3 日

---

* 屈晓冬,江苏省扬州经济技术开发区人民检察院第三检察部副主任;殷正宏,江苏省扬州经济技术开发区人民法院法官。

至 2018 年 8 月 11 日,扬州某服饰公司累计领取拆迁款 10018751.75 元,被其他法院执行扣款 10070000 元。某镇政府账上尚有 460000 元未支付。某镇政府始终未将被执行人扬州某服饰公司被征收房屋的产权证书、国有土地使用权证等全套证件转交相关部门注销。

得知扬州某服饰公司累计领取拆迁款 10018751.75 元的情况后,经开区法院在对扬州某服饰公司执行无果的情况下,于 2020 年 12 月 15 日向某镇政府送达责令追款通知书,通知其自通知书送达之日起 15 日内追回擅自支付的款项 500 万元并交存经开区法院。因某镇政府在期限内未能追回,经开区法院于 2021 年 2 月 3 日向其送达执行裁定书,裁定某镇政府应于本裁定生效之日起十五日内赔偿申请执行人扬州某投资担保公司 500 万元。

某镇政府向经开区法院提出书面异议,请求撤销已发出的责令追款通知书、执行裁定书。其主要理由是:经开区法院查封被执行人房产行为是限制产权变更和他项权的设定,并不限制拆迁行为;某镇政府在收到其他法院要求其扣留款项的协助执行通知后已履行了法定协助义务,对拆迁补偿事项进行审查并预留相关款项。查封行为协助单位是不动产登记部门。某镇政府未接到经开区法院协助执行手续,不是协助义务人,没有义务通知经开区法院查封补偿款;被执行人扬州某服饰公司将案涉房产交由某镇政府处理,处分财产的主体是被执行人,某镇政府没有擅自处分已被查封的财产,不是赔偿责任人;被执行人收到拆迁补偿款后,未履行判决确定的义务,应向其追缴。

二、分歧意见

本案在讨论时出现了两种意见:

第一种意见认为:某镇政府并未收到经开区法院要求其扣留款项的协助执行通知,无权擅自扣留被执行人的拆迁补偿款,其也没有义务通知经开区法院查封补偿款。某镇政府与扬州某服饰公司签订了《扬州市广陵区国有土地房屋征收补偿协议书》,该协议真实、合法、有效,拆除案涉房产是根据政府的统一规划进行的,故不构成擅自处分法院查封财产的行为,不是赔偿责任人,应该支持某镇政府异议请求。

第二种意见认为:经开区法院在某镇政府拆迁被执行人扬州某服饰公司案涉房产之前就对案涉房产依法进行了查封,并在相关不动产登记部门办理了查封登记。被执行人案涉房产被法院查封后,由于被征用拆迁灭失,法院查封的效力自动及于该财产的拆迁补偿款。某镇政府没有按双方约定的程序将案涉房产的产权证书、国有土地使用权证等全套证件转交相关部门注销,就支付了该拆迁补偿款,已经构成了擅自处分法院查封财产的行为。经开区法院在对扬州某服饰公司等被执行人执行无果的情况下,有权责令责任人某镇政府限期追回财产或承担相应的赔偿责任,故某镇政府的异议请求不能成立,应予驳回。

三、评析意见

笔者同意第二种意见。

本案中,某镇政府的行为是否构成擅自处分法院查封财产的行为成为其是否需承担限期追回财产或承担相应的赔偿责任的关键所在。笔者认为,某镇政府的行为已经构成擅自处分法院查封财产的行为,主要理由如下:

(一)拆迁人有义务对被拆迁房产的财产状况进行尽责调查

《国有土地上房屋征收与补偿条例》第15条明确规定:"房屋征收部门应当对房屋征收范围内房屋的权属、区位、用途、建筑面积等情况组织调查登记。"据此,组织调查登记是房屋征收部门的法定义务,只有尽责调查才能准确地拟定征收补偿方案,故房屋征收部门应当高度重视该项工作,而调查的方法可分为主动调查和被动调查,主动调查是房屋征收部门主动到相关的职能部门调查了解被征收房屋的产权登记情况、有无设定抵押及有无被司法机关查封等情况;被动调查是房屋征收部门向被拆迁人发布通知、公告,告知被拆迁人主动向房屋征收部门如实反映房屋相关情况,尤其是房屋有无被查封、抵押的情况,由房屋征收部门予以登记。如房屋征收部门未及时进行通知、公告,则也属于未尽调查义务。此外,在房屋征收部门依程序注销房地权证时,也可通过房地产管理部门提供的信息,了解房屋、土地权属情况。

本案中,相关拆迁公告、房屋征收补偿协议、拆迁补偿款付款明细等均能证明某镇政府是拆迁人。作为拆迁人,某镇政府有义务对被拆迁案涉房产的财产状况,包括但不限于财产权属、权利负担、权属限制、查封顺位等进行尽责调查。如果某镇政府尽责进行了组织调查登记,必然会发现案涉房产被经开区法院等多家法院查封,退而论之,即使在组织调查登记阶段未能及时掌握房产查封情况,某镇政府在支付拆迁补偿款之前若按其和扬州某服饰公司约定的程序将案涉房产的产权证书、国有土地使用权证等全套证件转交相关部门注销,自然也会得知房产查封情况(实践中,虽无明文规定注销时间,但为了避免不必要的权属纠纷,拆迁人均在支付拆迁款之前完成注销工作),根据相关法律规定,就得与包括经开区法院在内的查封法院联系解除查封事宜。经开区法院知晓拆迁情形后会向某镇政府发出扣留被执行人500万元拆迁补偿款的协助执行通知书,某镇政府依法律规定就不可能向被执行人支付拆迁补偿款。本案中,某镇政府违反法律规定不作为,主观存在过错,不能免除法律责任。

(二)查封的房产被拆迁的,查封的效力自动及于该房产的拆迁补偿款

《最高人民法院关于人民法院民事执行中查封、扣押、冻结财产的规定》(以下简称《规定》)第22条规定:"查封、扣押、冻结的财产灭失或者毁损的,查封、扣押、冻结的效力及于该财产的替代物、赔偿款。人民法院应当及时作出查封、扣押、冻结该替代物、赔偿款的裁定。"

灭失是指标的物由于不可抗力、事故或其他人为原因而不再存在,占有人对其失去

控制的状态，通常由自然灾害、战争、人为拆除、遗失、被盗、抛弃等原因造成；灭失的后果依法律规定或合同的约定办理。灭失可区分为永久灭失和暂时灭失、意外灭失和非意外灭。永久灭失是指标的物在物理形态上的消灭；暂时灭失是指标的物在物理形态上没有消灭，只是占有人对其暂时失去控制的状态；意外灭失是指非因当事人的过错而导致的标的物灭失，通常因不可抗力如战争、水灾、地震等因素造成；非意外灭失是指人为或蓄意造成的标的物灭失，如拆迁、人为放火烧毁等。按不同标准划分的永久灭失和暂时灭失、意外灭失和非意外灭失均包含在《规定》的灭失概念之内。其中需要说明的是，查封的财产无论是暂时灭失还是永久灭失，查封的效力相同，均及于替代物或赔偿款。例如，以投保盗抢险的车辆向银行抵押贷款，因逾期未还被银行起诉，法院依法查封了该车辆，查封期间车辆被盗，案发后车辆可能被追回发还，该车辆的灭失属暂时灭失；投保人申请理赔后，查封的效力自动及于该车辆的理赔款，法院应及时向保险公司作出查封该理赔款的裁定。

征收拆迁系政府组织实施，从开始实施到拆迁结束会持续较长的一段时间，非即时产生结果的举动行为，且事先已签订协议，征收拆迁的房产被拆除而灭失的，系非意外灭失、永久灭失，属于《规定》中的灭失范围。法院查封被执行人名下案涉房产时，不能预知案涉房产会不会被拆迁，或其他原因导致灭失。被执行人案涉房产被法院查封后，由于被征用拆迁导致房产灭失，依照上述规定，法院查封的效力自动及于该财产的拆迁补偿款。

本案中，经开区法院查封了被执行人扬州某服饰公司名下的案涉房产，由于申请执行人未能及时提供案涉房产被拆迁的线索，经开区法院也未能掌握到该线索，故经开区法院未能在案涉房产被拆迁时及时作出查封案涉房产拆迁补偿款的裁定。但在经开区法院对案涉房产没有解除查封的情况下，查封的效力自动及于该财产的拆迁补偿款。某镇政府应将在查封金额范围内的拆迁补偿款 500 万元予以留存，等候法院发出协助执行手续后再提取该款项转移给申请执行人。

（三）拆迁人处分法院查封房产拆迁补偿款是擅自处分行为

《民事诉讼法》第 114 条第 1 款规定："诉讼参与人或者其他人有下列行为之一的，人民法院可以据情节轻重予以罚款、拘留，构成犯罪的，依法追究刑事责任……（三）隐藏、转移、变卖、毁损已被查封、扣押的财产，或者已被清点并责令其保管的财产，转移已被冻结的财产的。"由此可见，对于法院查封的财产，包括查封效力及于的替代物、赔偿款，未经批准或同意，诉讼参与人或者其他人不得隐藏、转移、变卖、毁损，否则，即是擅自处分行为。该规定中的其他人属兜底性表述，即指诉讼参与人以外的与财产处分有关联的不特定的任何人。某镇政府的征收拆迁行为是导致案涉房产被拆迁结果发生的原因行为，也是查封效力及于的拆迁补偿款的持有者、转移者，当然也属于其他人的范围。

本案中，被执行人扬州某服饰公司案涉房产被经开区法院等多家法院查封，故其无权擅自将案涉房产交某镇政府进行拆迁处理;查封的房产被拆迁的,查封的效力自动及于该财产的拆迁补偿款,故某镇政府也不能擅自向扬州某服饰公司支付拆迁补偿款。某镇政府与扬州某服饰公司要想履行双方签订的房屋征收补偿协议只能联系查封法院解除案涉房产的查封,或者拆迁案涉房产时对查封的标的款进行留存。因为某镇政府既没有与经开区法院联系解除案涉房产的查封事宜,也没有对查封的标的款进行留存,就向被执行人扬州某服饰公司支付了拆迁补偿款(被执行人扬州某服饰公司领取的该拆迁补偿款大于经开区法院查封金额),违反了法律规定,属于擅自处分法院查封财产的行为。

(四)拆迁人擅自处分法院查封的房产应承担相应的法律责任

《最高人民法院关于人民法院执行工作若干问题的规定(试行)》第32条规定:"被执行人或其他人擅自处分已被查封、扣押、冻结财产的,人民法院有权责令责任人限期追回财产或承担相应的赔偿责任。"结合《民事诉讼法》第114条第2款规定的人民法院对有前款规定的行为之一的单位,可以对其主要负责人或者直接责任人员予以罚款、拘留,构成犯罪的,依法追究刑事责任。由此可以看出,诉讼参与人(包含被执行人)或者其他人(包含拆迁人)出现了擅自处分法院查封财产的,法院既可以责令其承担相应的民事责任,也可以对其妨碍民事诉讼的行为采取强制措施,如罚款、拘留;构成犯罪的,可依法移交有管辖权的机关,按照刑事诉讼程序追究刑事责任。

本案中,某镇政府的行为已经构成擅自处分法院查封财产的行为,法院既可以责令其承担相应的民事责任,也可以对其采取罚款、拘留等强制措施。被执行人扬州某服饰公司在收到拆迁补偿款后,未履行判决书确定的义务。经开区法院在对被执行人执行无果的情况下,依法责令某镇政府限期追回款项;在其未能追回的情况下,裁定其在查封的标的款500万元限额内承担赔偿责任,于法有据。某镇政府以经开区法院未向其送达相关协助执行手续应该免责进行抗辩,理由不能成立。

四、处理结果

经开区法院裁定驳回了某镇政府的异议请求。某镇政府不服,向江苏省扬州市中级人民法院申请复议。扬州市中级人民法院审查认为,某镇政府复议请求不能成立,裁定驳回了某镇政府的复议请求。某镇政府仍然不服,向扬州市人民检察院申请监督。扬州市人民检察院交扬州经济技术开发区人民检察院审查。扬州经济技术开发区人民检察院审查后认为,某镇政府申请监督理由不成立,建议作不支持监督申请的决定;扬州市人民检察院审查后认为,本案不存在法定监督的情形,遂作出了不支持监督申请的决定。